Erfolgreich unterrichten

– Für Profis, Quereinsteiger und Externe

Tipps zu den **55** häufigsten Stolperfallen

Verlag an der Ruhr

Impressum

Titel der kanadischen Originalausgabe: 55 Teaching Dilemmas: Ten powerful solutions to almost any classroom challenge

© der kanadischen Originalausgabe: Pembroke Publishers 2005

Titel der deutschen Ausgabe: **Erfolgreich unterrichten**
– Für Profis, Quereinsteiger und Externe
Tipps zu den 55 häufigsten Stolperfallen

Autorin: Kathy Paterson
Illustrationen: Bernhard Skopnik
Übersetzung: Patricia Mangelsdorff
Bearbeitung für Deutschland: Verlag an der Ruhr
Druck: Druckerei Uwe Nolte, Iserlohn
Verlag: Verlag an der Ruhr
Alexanderstraße 54 – 45472 Mülheim an der Ruhr
Postfach 10 22 51 – 45422 Mülheim an der Ruhr
Tel.: 0208/439 54 50 – Fax: 0208/439 54 239
E-Mail: info@verlagruhr.de
www.verlagruhr.de

ISBN 978-3-8346-0340-1

geeignet für alle Schulstufen

Die Schreibweise der Texte folgt der neuesten Fassung der Rechtschreibregeln – gültig ab August 2006.

Inhaltsverzeichnis

Einleitung

Guter Unterricht? Ein hohes Ziel!

Das Ziel jedes Lehrers* ist es, gut zu unterrichten. Das ist lobenswert, doch nicht immer leicht zu erreichen. Auf dem Weg dahin brauchen Lehrer viel **Kraft, Ausdauer** und **bestimmte Fähigkeiten.** Besonders wichtig ist: Lehrer müssen andere motivieren können und in der Lage sein, sie – innerhalb fester Grenzen – zu beeinflussen.

Ich werde nie vergessen, wie mir einer meiner Professoren die Macht demonstrierte, die Lehrer besitzen können. Er sah uns Studenten ruhig an und sagte schließlich feierlich: „Bitte folgen Sie genau meinen Anweisungen." Der ganze Kurs hörte aufmerksam zu. „Stecken Sie sich Ihren Zeigefinger in die Nase." Als alle Studenten sofort gehorchten – schließlich war er der Professor – fuhr er fort. „Legen Sie sich Ihre andere Hand auf den Kopf, und strecken Sie die Zunge heraus." Er machte eine Pause, lächelte und sagte: „Wie albern Sie alle aussehen! Verstehen Sie jetzt, wie viel Einfluss und Macht ein Lehrer hat? Sie sind mir alle blind gefolgt. Erinnern Sie sich daran, wenn Sie Kinder und Jugendliche unterrichten, die noch viel unreifer und unerfahrener sind als Sie."

Tatsächlich besitzen nicht nur Lehrer, sondern alle, die im Rahmen von Schule Kinder und Jugendliche unterrichten oder betreuen, Macht über ihre Schützlinge. Mit dieser Macht müssen wir verantwortungsvoll umgehen, um sie nicht falsch einzusetzen. Allerdings gibt sie uns auch die Möglichkeit, gut und mit Leidenschaft zu unterrichten, um damit die Entwicklung von Kindern und Jugendlichen gezielt positiv zu beeinflussen. Das heißt konkret: Uns Lehrern, Pädagogen oder Betreuern sind heute junge Menschen anvertraut, die in einigen Jahren die Entwicklung unserer Gesellschaft bestimmen werden. Ich finde, gerade deshalb ist die Arbeit mit Kindern und Jugendlichen eine der wichtigsten und schönsten Aufgaben überhaupt.

Verantwortung als Herausforderung

Jeden Tag zeigen wir als Lehrer unsere persönlichen Stärken und halten guten Unterricht. Dabei **beeinflussen** wir unsere Schüler auf unterschiedliche Weise: Wir vermitteln Ihnen Wissen, das wichtig für ihre Zukunft ist. Wir dienen ihnen als **Vorbilder**, geben ihnen Orientierung und Hilfe, die von Herzen kommt. Im besten Fall erreichen wir durch offene Kommunikation unsere Schüler auf einer **persönlichen Ebene** und wirken nicht nur als „Lehrende", sondern als Pädagogen, die mit Elan und Können bei der Sache sind.

* Aus Gründen der besseren Lesbarkeit haben wir in diesem Buch durchgehend die männliche Form verwendet. Natürlich sind damit auch immer Frauen und Mädchen gemeint, also Lehrerinnen, Schülerinnen etc.

Mit dem großen Einfluss, den wir als Lehrer haben, geht allerdings auch **große Verantwortung** einher. Was, wenn wir Inhalte falsch vermitteln? Was, wenn wir versehentlich einen Schüler ungerecht behandeln? Was, wenn wir etwas sagen, das ein Schüler missversteht und als Beleidigung oder persönlichen Angriff empfindet? Können wir es überhaupt schaffen, immer das Richtige zu sagen und das Richtige zu tun? Wahrscheinlich gelangt jeder Lehrer einmal an den Punkt, an dem er diese Verantwortung als zu groß empfindet und befürchtet, ihr nicht gerecht werden zu können.

Doch keine Sorge: Die besten Lehrer zweifeln von Zeit zu Zeit an ihren Fähigkeiten. Sie nehmen sich und ihre Schwächen ins Kreuzverhör und beurteilen ihr eigenes Können (über-)kritisch. Vielleicht fragen sie sich schließlich sogar, ob sie überhaupt dazu in der Lage sind, in unserer von Stress und technologischem Wandel geprägten Welt zu unterrichten. **Vielleicht kennen Sie ja solche Zweifel von sich selbst?**

Falls ja, kann ich Ihnen versichern: Sie verfügen bereits über alle grundlegenden Fähigkeiten und Eigenschaften, die Sie brauchen, um wirklich gut zu unterrichten – sonst hätten Sie dieses Buch nämlich erst gar nicht in die Hand genommen. Was Ihnen vielleicht noch fehlt, ist der **„Feinschliff"** an ihren persönlichen und didaktisch-pädagogischen Kompetenzen. Polieren Sie Ihre Fähigkeiten als Lehrer bzw. Pädagoge noch etwas auf, und Sie werden Ihren Schülern noch besser helfen können, sich **als Lernende** und **als Persönlichkeit** zu entfalten. Ihr Vertrauen in Ihre eigenen Fähigkeiten wird zunehmen, und Sie werden in der Lage sein, sich über die kleinen Macken und größeren Fehler anderer weniger aufzuregen. Sie werden Ihre Persönlichkeit und Ihr Können in Unterrichts- oder Betreuungssituationen gezielter einsetzen und dadurch erfolgreicher arbeiten.

Ein Bündel von Kompetenzen

Guter Unterricht lässt sich zunächst mit wenigen Worten beschreiben: Er ist **wirkungsvoll,** d.h. er erreicht seine Ziele. Er ist **zeitlich effizient,** d.h. er nutzt die ihm zur Verfügung stehende Zeit optimal aus, und er geht von den **Bedürfnissen und Fähigkeiten der Kinder** aus. Doch die verschiedenen Aspekte, die hinter diesen drei Eigenschaften guten Unterrichts stecken, sind vielschichtig und komplex.

In diesem Buch werden sie in folgende Kategorien unterteilt:

- „persönliche Kompetenzen" und
- „berufliche Stärken".

Doch selbst innerhalb dieser breiten, sehr umfassenden Kategorien lassen sich persönliche Eigenschaften einerseits und pädagogisch-didaktische Kompetenzen andererseits nicht streng voneinander trennen. Das liegt daran, dass erfolgreiches Unterrichten eine **enge Verbindung von persönlichen Eigenschaften und Unterrichtsstil** voraussetzt.

Nur die gelungene Kombination beider Faktoren sorgt dafür, dass Schüler erfolgreicher lernen und sich – ebenso wie ihre Lehrer – auf der persönlichen Ebene entwickeln. Sie gewährleistet, dass sich Kinder und Jugendliche für das Lernen begeistern, glücklicher und selbstsicherer sind und dass Sie als Lehrer zufrieden mit der Arbeit ihrer Schüler sind und an ihre Stärken und ihr berufliches Können glauben.

Die Fähigkeit, gut zu unterrichten und andere Menschen positiv zu beeinflussen, kommt von innen. Sie ist mehr als die Methoden, die in der Lehrerausbildung vermittelt werden. Sie erschöpft sich nicht nur darin, dass man sich die Unterrichtszeit innerhalb eines übervollen Lehrplanes sinnvoll einteilen kann. Auch das disziplinäre Verhalten einer Klasse ist nur bedingt ein Indikator für diese Fähigkeit.

Guter Unterricht ist wie eine Flamme, die entzündet wird, wächst und immer kräftiger leuchtet. Guter Unterricht bewirkt, dass die Schüler so gerne, so begeistert lernen, dass sie vor den Augen des Lehrers zu wachsen scheinen. Sie können es morgens kaum erwarten, zur Schule zu kommen, und wollen am Ende des Schultages am liebsten noch bleiben. Das mag pathetisch klingen, doch es kann wahr werden, wenn Sie als Lehrer mit Ihren **persönlichen** wie **beruflichen Stärken** für die Schüler **voll und ganz präsent sind.**

Wie wird man ein guter Lehrer bzw. Pädagoge?

Ich bin überzeugt davon, dass Lehrer zunächst ihre **persönlichen Stärken** ausbilden müssen, um ihre beruflichen Fähigkeiten entwickeln zu können. Unter persönlicher Stärke verstehe ich die Fähigkeit eines Lehrers, sich als Person und sein Verhältnis zu anderen – v.a. zu seinen Schülern – **selbst bestimmen und kontrollieren** zu können. Als berufliche Kompetenz möchte ich hier das Unterrichten-Können im engeren Sinn bezeichnen, also die **methodisch-didaktische Kompetenz.** Ein Lehrer weiß nicht nur, welche Medien und Methoden ihm zur Verfügung stehen, um seine Schüler erfolgreich zu fördern und zu unterstützen; er weiß auch, *wie* er sie einsetzen kann.

Ich glaube, dass Lehrer mit ausgeprägter persönlicher Stärke positiv eingestellte Menschen sind, die andere gern unterstützen. Diese Eigenschaften spiegeln sich im **Verhalten ihrer Schüler** wider. Die hohe berufliche Kompetenz eines Lehrers wiederum wird im **Lernerfolg seiner Schüler** sichtbar. Persönliche Stärke ist sicherlich zumindest zu einem gewissen Teil im Charakter der Person angelegt, d.h. sie baut auf gewissen Grundlagen auf, die nur bis zu einem gewissen Grad erlernt werden können. Was Sie jedoch lernen können, ist, bestehende Schwächen auszugleichen und vorhandene Stärken auszubauen.

Unsere berufliche Kompetenz eignen wir uns vor allem an, indem wir als Lehrer nie aufhören, **ständig dazuzulernen.** Wenn Sie ihre didaktisch-pädagogischen Fähigkeiten verbessern wollen, wird Ihnen das gelingen. Voraussetzung dafür ist es, dass Sie Ihre Schwächen erkennen und dann an ihnen arbeiten.

Diesem Buch liegen mehr als 30 Jahre Erfahrung als Lehrerin, Beraterin, Betreuerin, Lehrplanbeauftragte und nun auch als Universitätsdozentin zugrunde. Auf den folgenden Seiten ist deshalb in erster Linie von Lehrern die Rede. Dennoch können Sie die Tipps auch auf andere pädagogische Situationen im Schulalltag übertragen. Ich hoffe, es wird Ihnen in jedem Fall eine wertvolle Hilfe auf Ihrem Weg zum rundum erfolgreichen Unterrichten sein. Wenn Sie ein paar Schätze darin finden, die Ihnen dabei helfen, Ihre persönlichen oder beruflichen Stärken zu fördern und auszubauen, ist das gut. Wenn Sie herausfinden, dass Sie die Ideen des Buches ohnehin schon nutzen, ist das noch besser. Wenn wir Bestätigung für unser eigenes Handeln finden, kann uns das einen wichtigen Schub für unser Selbstvertrauen geben – und wer kann den nicht gebrauchen?

Nachdem bis jetzt nur allgemein von persönlicher Stärke und beruflicher Kompetenz die Rede war, hier nur eine Übersicht über die **vielfältigen Aspekte und Eigenschaften**, die ich unter diesen beiden Kategorien zusammenfasse:

Persönliche Stärken:

- Fürsorge
- Innere Stärke
- Sorgfalt
- Gut für sich sorgen

Berufliche (didaktisch-pädagogische) Kompetenz:

- (Selbst)Organisation
- Unterrichtsmethoden
- Kommunikation
- Klassenzimmer-Management
- Motivation
- Selbstdarstellung
- Führungskompetenz

1.

Seien Sie für andere da

Hätten Sie nicht den tiefen, grundlegenden Wunsch, für andere da zu sein, sich um Kinder und Jugendliche zu kümmern, hätten Sie sich wohl kaum jemals dazu entschlossen, in einem pädagogischen Beruf tätig zu sein. Auch wenn Kritiker am Berufsstand des Lehrers manchmal das Gegenteil behaupten, Lehrer und alle anderen, die Kinder und Jugendliche unterrichten, sind grundsätzlich ihren Schülern zugetan und bereit, ihre Fähigkeiten und Talente zu ihrem Wohl einzusetzen. Kurz: Sie nehmen Ihre Verantwortung für die ihnen anvertrauten Kinder und Jugendlichen wahr und sind gerne für sie da. Aber es gibt Zeiten im Leben jedes Unterrichtenden, in denen dieses grundlegende Bedürfnis danach, für andere da zu sein, durch Berge von Arbeit und lange Aufgabenlisten verschüttet wird. Dann erscheint auch ein Lehrer, der normalerweise freundlich, einfühlsam und tolerant ist, auf einmal verärgert, frustriert oder sogar desinteressiert an seinen Schülern.

Verliert ein Lehrer die Verbindung zu seiner fürsorglichen Seite vorübergehend, nimmt auch sein Respekt ab – für sich selbst wie für seine Schüler. Und: im Gegenzug wird auch der Respekt seiner Schüler für ihn geringer. In solchen Zeiten müssen Sie sich den Zugang zu Ihren persönlichen Stärken wieder erarbeiten.

Zeigen Sie gute Laune

Geben Sie sich heiter und gut gelaunt – und zwar auch dann, wenn das nicht Ihrem tatsächlichen Gemütszustand entspricht. Lehrer, die sich heiter geben, sind langfristig tatsächlich gesünder, fühlen sich gelassener und haben mehr Energie. Jeder von uns schätzt die Gesellschaft von ausgeglichenen, fröhlichen Menschen. Wenn Sie gute Laune und Freundlichkeit ausstrahlen, werden Ihre Schüler es ihnen gleichtun, und der Unterricht wird allen Beteiligten leichter fallen. Ihre positive Ausstrahlung wird sich früher oder später auch auf Ihre Schüler übertragen.

Nehmen Sie Anteil

Aktive Anteilnahme bzw. Empathie ist eine Verbindung aus Freundschaft, Freundlichkeit, Güte, Verständnis und Weisheit. Sie entwickelt sich, wenn wir uns die Lebenssituation und Probleme anderer bewusst machen. Ein Lehrer, der Anteil nimmt an den Gefühlen und Sorgen seiner Schüler, setzt sich aktiv dafür ein, dass es ihnen besser geht, und ist mit dem „Herzen" dabei, wenn es darum geht, ihnen etwas beizubringen. Vielleicht ist es vor allem das, was einen erfolgreichen Pädagogen auszeichnet: Die aufrichtige Sorge um das Wohlergehen seiner Schüler.

Seien Sie einfühlsam

In unserer hektischen, technisierten Welt ist Einfühlungsvermögen (Empathie) eine der Eigenschaften, die Lehrer von Computern unterscheidet. Die Fähigkeit, die Situation und Gefühle anderer wahrnehmen und nachempfinden zu können, ist eine grundlegende Voraussetzung für guten Unterricht. Wenn er über sie verfügt, ist ein Lehrer bereit und in der Lage, die Dinge aus der Perspektive seiner Schüler zu sehen – und das sollte er immer tun, bevor er ihnen Ratschläge erteilt.

Seien Sie tolerant

Toleranz ist die Fähigkeit, Schüler so wahrzunehmen, wie sie wirklich sind, und sie mit Respekt zu behandeln. Eine Person, die tolerant ist, macht andere nicht zu Sündenböcken und verhält sich ihnen gegenüber fair. Vor allem Lehrer sollten sich bewusst sein, dass Schuldzuweisungen oder unfaire Behandlung Kinder und Jugendliche dabei behindern, zu lernen und sich zu entwickeln. Seien Sie tolerant, und Sie werden die Beziehung zu anderen verbessern und in der Lage sein, alle Ihre Schüler mit Ihrem Unterricht zu erreichen. Wenn Sie tolerant sind, fühlen Sie sich auch langfristig besser und sind ausgeglichener. Das wirkt sich wiederum auf Ihre Schüler aus: Sie lernen erfolgreicher und werden Ihnen gegenüber offener.

Zeigen Sie Respekt

Lehrer wissen, dass nur derjenige Respekt von anderen erhält, der selbst andere respektiert. Aber wie können Sie als Lehrer Ihren Respekt eigentlich ausdrücken? Genügt es, wenn Sie ihn einfach nur innerlich empfinden, oder sollten Sie ihn deutlich sichtbar nach außen hin demonstrieren? Als Lehrer wissen wir genau, wie wichtig er ist – jeder, der von Schülern oder Kollegen jemals respektlos behandelt wurde, kann davon berichten, welch ungutes Gefühl dadurch ausgelöst wird. Deshalb sollten wir uns tunlichst darum bemühen, respektvoll zu unterrichten. Mehr Respekt von anderen, Zufriedenheit, Selbstvertrauen und ein besseres Verhalten der Schüler werden das Ergebnis sein. Wenn Sie andere mit Respekt behandeln, machen Sie deutlich, dass Sie sich um andere bemühen und für sie offen sind – und darum geht es beim Unterrichten.

1 Zeigen Sie gute Laune

… sobald Sie am Morgen die Schule betreten.

„Also, ich will endlich wissen: Wie machen Sie das?" Mit diesen Worten platzte Frau Lang eines morgens ins Klassenzimmer ihrer Kollegin.

„Wie bitte?", erwiderte Frau Lang erstaunt. „Ich mache was?"

„Das, was Sie mit den Schülern machen! Ich arbeite genauso hart wie Sie. Mein Unterricht ist gut, und ich lobe die Schüler regelmäßig. Ich bin eine genauso gute Lehrerin wie Sie – aber die Schüler denken, Sie vollbringen Wunder und würden alles für Sie tun! Wie machen Sie das?"

Frau Werthmann lächelte achselzuckend: „Oh, ich glaube, Sie übertreiben ein bisschen", sagte sie ruhig.

Frau Lang seufzte: „Nein, es stimmt!" Sie wandte sich um und stieß fast mit einem anderen Lehrer zusammen, als sie herausstürmte.

„Was ist los?", fragte Herr Welder. „Gibt's Probleme? Wie sich sehe, schaut Angelika so finster in die Gegend wie immer."

„Sie ist nur müde." Frau Werthmann lächelte Herrn Welder an. Er erwiderte ihr Lächeln und sagte: „Siehst du! Deshalb schätze ich dich als Kollegin. Du lächelst immer, und dadurch fühle ich mich besser. Jetzt habe ich vergessen, warum ich eigentlich hergekommen bin – aber lächle bitte weiter!"

Haben Sie vielleicht einmal einen Kollegen im Umgang mit seinen Schülern beobachtet und waren beeindruckt von der positiven Energie, die ihn umgab? Ohne Zweifel hatte er gute Laune.

Zehn Wege, sich heiter und gut gelaunt zu geben:

1 Man braucht siebzehn Muskeln, um zu lächeln. Trainieren Sie also regelmäßig! Versuchen Sie, möglichst häufig zu lächeln. Es mag paradox klingen, aber je schlechter Sie sich fühlen, desto mehr sollten Sie lächeln. Sie denken, dass sei scheinheilig oder unecht? Natürlich soll dies keine Anleitung zum Sich-Verstellen sein. Wer sich dauerhaft nicht gut fühlt, kann und sollte dies auch nicht überspielen. Doch bis zu einem gewissen Maß lassen sich Gefühle auch willentlich beeinflussen. Außerdem: Mark Twain hat einmal gesagt, dass sich die eigene schlechte Laune vertreiben lässt, wenn man jemand anderen aufheitert.

2 Üben Sie das Lächeln vor dem Spiegel. Achten Sie darauf, dass nicht nur ihr Mund, sondern auch ihre Augen „lächeln".

1 Zeigen Sie gute Laune

3 Sagen Sie sich selbst, dass Sie ein fröhlicher Mensch sind – und zwar immer wieder, bis Sie es selbst glauben. Damit programmieren Sie Ihr Unterbewusstsein! Probieren Sie es zum Beispiel mit dem Satz: „Ich habe gute Laune und ich lächle gerne."

4 Verwenden Sie die „Stopp!"-Technik: Sobald sich ein zynischer oder negativer Satz in Ihre Gedanken einschleicht, weisen Sie ihn innerlich zurück, indem Sie denken: „Stopp! Ich lasse nicht zu, dass dieser Gedanke meine gute Laune verdirbt."

5 Bemühen Sie sich, in Ihren stummen Gesprächen mit sich selbst positiv und optimistisch zu sein. Wenn Sie nur daran denken, was alles schief laufen könnte, werden diese Gedanken irgendwann zur Realität, zu einer sich selbst erfüllenden Prophezeiung.

6 Listen Sie für sich auf, welche Situationen Sie frustrieren, verärgern oder andere negative Gefühle in Ihnen entstehen lassen. Vermeiden Sie solche Situationen oder begegnen Sie ihnen mit dem festen Entschluss, so heiter wie möglich zu bleiben.

7 Hören Sie auf dem Weg zur Arbeit Ihre Lieblingsmusik oder etwas zum Lachen, z.B. Hörspiele mit Kabarett oder Comedy.

8 Sie müssen nicht glücklich sein, um sich heiter und froh zu fühlen: Das ist ein Gemütszustand, zu dem Sie sich entschließen und den Sie willentlich beeinflussen können. Treffen Sie bewusst die Entscheidung: Ich fühle mich gut. Schmücken Sie Ihren Arbeitsplatz mit frischen Blumen oder einem anderen schönen Gegenstand, der sie an diesen Entschluss erinnert.

9 Beginnen Sie jeden Tag damit, etwas zu tun oder zu sagen, womit Sie einen anderen Menschen aufheitern können. Jemand anderen froh zu stimmen, hat eine wunderbare Wirkung auf Sie selbst: Es heitert auch Sie auf.

10 Schalten Sie einen Gang herunter. Häufig nehmen wir den Druck, der von außen an uns herangetragen wird, unüberlegt an und versuchen, zu viele Dinge gleichzeitig zu erledigen. Doch wer unter Dauerstress steht, dem geht jede Heiterkeit früher oder später verloren. In Momenten, in denen Sie merken, dass Ihre Fröhlichkeit unter diesem Druck leidet, sollten Sie einmal tief durchatmen und ungefähr drei Schritte mit übertriebener Langsamkeit gehen.

2 Nehmen Sie Anteil

… an Schülern, Eltern und Kollegen wie auch an Ihren Freunden, an Ihrer Familie und sich selbst.

In Frau Mirschbergers Klassenraum fanden sich immer die Mädchen der sechsten Klasse – in den Pausen wie auch vor und nach der Schule. Eine andere Lehrerin versuchte, den Grund dafür herauszufinden, und stellte sich während einiger dieser „Versammlungen" still hinter die geöffnete Tür der Klasse. Sie fand heraus, dass Frau Mirschberger ihre ganze Aufmerksamkeit den Mädchen schenkte. Sie zeigte Interesse an ihren „Leidensgeschichten" und bot ihnen Unterstützung an. Was die interessierte Lehrerin nicht hörte, war, welche Lösungen Frau Mirschberger den Mädchen für ihre Probleme anbot. Anscheinend fanden sie mit ihrer Beratung und Anleitung selbst heraus, was zu tun war. Was die Lehrerin hinter der Tür beobachtete, war aktive Anteilnahme.

Zehn Wege, mit denen Sie aktiv Anteilnahme zeigen:

1 Sprechen Sie anderen Mut zu. Erwarten Sie Gutes von anderen Menschen, und teilen Sie es ihnen mit.

2 Lächeln Sie – und meinen Sie es ehrlich. Nehmen Sie andere in den Arm (wenn es Ihnen passend erscheint), und ermutigen und bestärken Sie sie dabei.

3 Seien Sie immer höflich zu all Ihren Schülern, und werben Sie für höfliches Verhalten in der Klasse und in der gesamten Schule.

4 Tun Sie das Notwendige, damit jeder Schüler sich in Ihrem Klassenraum und in Ihrer Gegenwart wohl fühlt. Achten Sie z.B. darauf, nicht zu dicht neben einem Schüler zu sitzen oder zu stehen.

5 Beziehen Sie Ihre Schüler in Entscheidungen mit ein. Lassen Sie sie Verantwortung für ihr Lernen und die Organisation im Klassenzimmer übernehmen. Haben Sie keine Angst davor, etwas von Ihrer Entscheidungsmacht an sie abzugeben.

6 Achten Sie andere, indem Sie sich Zeit nehmen, sie kennen zu lernen. Stellen Sie wohlüberlegte Fragen, und hören Sie den Antworten aufmerksam zu. Schulen Sie Ihr Empfinden dafür, wie andere sich fühlen, indem Sie ihre Körpersprache genau beobachten.

7 Bleiben Sie selbst in chaotischen und angespannten Situationen ruhig und gelassen.

8 Respektieren Sie die Freundschaften zwischen Schülern. Lassen Sie Freunde (wenn möglich) nebeneinander sitzen, und äußern Sie sich positiv über die Freundschaften.

9 Haben Sie auf jeden ein Auge, dem es auf irgendeine Weise nicht gut zu gehen scheint. Versuchen Sie zu helfen – oft genügt es schon, dass Sie der betroffenen Person aufmerksam zuhören.

10 Beobachten Sie knifflige Situationen wie z.B. Streitereien auf dem Schulhof oder Meinungsverschiedenheiten in der Klasse genau und so objektiv wie möglich. Treffen Sie erst dann eine Entscheidung im Interesse aller Beteiligten.

3 Fühlen Sie mit anderen

… Schülern, Eltern, Kollegen und Freunde.

Das elfjährige Mädchen verließ das Büro der Direktorin in Tränen aufgelöst. Ein Lehrer hörte zufällig, wie sie zu ihrer wartenden Freundin sagte: „Sie versteht gar nichts. Sie sagt, sie versteht mich, aber das ist nicht wahr. Sie hat zweimal ein Telefongespräch angenommen, als ich versucht habe, ihr etwas zu erklären. Alles, was sie gesagt hat, war, dass alles gut werden wird, und ich weiß einfach, dass das nicht stimmt. Wie ist sie überhaupt Schuldirektorin geworden?"

Zehn Wege, mit denen Sie Einfühlungsvermögen zeigen:

1. Fangen Sie damit an, dass Sie Ihre Schüler als Individuen kennenlernen. Auf diese Weise gewinnt das persönliche Verhältnis zu Ihnen für die Jugendlichen an Bedeutung.
2. Behandeln Sie jeden Schüler würde- und respektvoll, und erwarten Sie im Austausch das Gleiche von ihm.
3. Üben Sie das einfühlsame Zuhören. Hören Sie so zu, dass es dem Wohlergehen Ihres Gegenübers dient. Seien Sie aufmerksam für das, was zwischen den Zeilen gesagt wird, und achten Sie auf die Körpersprache des anderen.
4. Wiederholen Sie in Ihren eigenen Worten, was gesagt wurde, und sagen Sie auch etwas über Ihre Gefühle.
5. Wenn sich Ihnen jemand anvertraut, hören Sie lieber zu, als ihn mit wohlgemeinten Ratschlägen zu unterbrechen.
6. Wenn Sie einem einzelnen Schüler einfühlsam zuhören, wenden Sie ihm Ihren Körper zu, halten Sie Augenkontakt, lehnen Sie sich leicht nach vorne, und antworten Sie mit ruhiger, nicht zu lauter Stimme.
7. Fragen Sie sich dabei selbst: „Antworte ich wirklich so, wie es für den anderen am besten ist?" Die Art und Weise, mit der Sie Dinge sagen, ist genauso wichtig wie das, was Sie sagen.
8. Wenn Sie sich im Gespräch mit einem Schüler des eigentlichen Problems oder der Hintergründe der Sache nicht ganz sicher sind, stellen Sie lieber eine wohlbegründete Vermutung an, damit das Gespräch weitergeht, oder sagen Sie: „Wenn ich dich richtig verstehen, möchtest du, dass …" Das ist besser, als ständig zu erwidern: „Ich verstehe dich nicht."
9. Gehen Sie auf die Weise mit anderen um, wie Sie es auch von ihnen erwarten. Diese Maxime bewährt sich in allen Lebensbereichen und sollte deshalb auch die goldene Regel des Unterrichtens sein.
10. Eignen Sie sich ein paar einfühlsame Redewendungen an. Damit können Sie aufrichtig und ohne Bewertung antworten – zumindest, bis Sie alle Fakten beisammen haben. Das könnten z.B. folgende Sätze sein: „Das tut mir sehr leid für dich", „Das ist sehr schade" oder „Das ist überhaupt nicht gut".

4 Seien Sie aufgeschlossen

… für die Vielfalt der Persönlichkeiten unter Schülern und Kollegen und die Unterschiede zwischen ihnen.

Die Lehrerin sah sich bestürzt in Raum um. Die Klasse machte Lärm, die Jungen und Mädchen waren nicht auf ihren Plätzen, saßen nicht an ihren Aufgaben. Ohne viel zu überlegen rief sie: „Setzt euch hin und seid endlich ruhig! Ihr benehmt Euch wie ein Horde Wilder im Busch!"

Sofortige Stille. Miranda, die einzige Schülerin der Klasse mit afrikanischen Wurzeln, schaute wütend und verletzt. Die Lehrerin sackte in sich zusammen. Hätte sie diese verletzenden Worte doch nie gesagt …

Zehn Wege, durch die Sie Toleranz entwickeln:

1. Nehmen Sie jeden Schüler als Individuum wahr, mit seinen besonderen Stärken und Schwächen. Legen Sie eine dreispaltige Tabelle an mit den Überschriften „Name", „Stärken" und „Probleme bereitet ihm/ihr noch …"
   und füllen Sie sie in regelmäßigen Abständen, jedoch mindestens einmal im Monat, mit den entsprechenden Angaben ihrer Schüler aus.
2. Denken Sie, bevor Sie sprechen. Sind Worte, die verletzen, erst einmal ausgesprochen, können Sie sie nicht wieder zurücknehmen.
3. Legen Sie gemeinsam mit der ganzen Klasse eine Liste positiver Verhaltensweisen und Einstellungen an, die für Toleranz stehen (z.B.: Ich lasse andere ausreden).
4. Stellen Sie eine Sportmannschaft zusammen, und geben Sie allen Schülern die gleiche Zeit zum Mitspielen – ganz egal, wie gut sie dabei sind.
5. Spenden Sie dem gegnerischen Team Beifall, wenn es gut spielt.
6. Stellen Sie eine Arbeitsbeziehung zu einem Kollegen her, der andere persönliche Eigenschaften als Sie besitzt (wir neigen dazu, Menschen zu bevorzugen, die uns ähnlich sind).
7. Denken Sie darüber nach, wie Sie auf andere wirken. Welche Eigenschaften, die zu Toleranz passen, sehen die anderen wohl in Ihnen? Zeigen Sie diese Eigenschaften weiterhin, und erweitern Sie Ihr Repertoire, wenn nötig.
8. Stellen Sie sich vor, jemand habe Ihnen Ihre Identität geraubt. Wie würden Sie sich fühlen? Machen Sie sich klar, dass jemand, der ungerecht behandelt und das Opfer von Intoleranz wird, sich genauso fühlt.
9. Fördern Sie den kulturellen Austausch innerhalb Ihrer Schule. Laden Sie z.B. Schüler mit verschiedenen kulturellen und sozialen Hintergründen zu einem Treffen ein – je größer die Vielfalt, desto besser.
10. Bringen Sie so viel Sie können über eine Familie in Erfahrung, die einen anderen kulturellen Hintergrund besitzt als Sie selbst. Dadurch schärfen Sie Ihr Bewusstsein für die Probleme und besonderen Bedürfnisse von Schülern mit ähnlichem Hintergrund.

5 Zeigen Sie Respekt

... Ihren Schülern, Ihrem beruflichen Weg und sich selbst gegenüber.

„Herr Schneider ist der Beste", sagte Stefanie mit Überzeugung.

„Warum?", fragte ihre Mutter.

„Er schreit nie. Er spricht ganz ruhig und leise und schaut einen direkt an, sogar, wenn er wütend ist."

„Wird er denn oft wütend?"

„Na ja, manchmal, wenn die Jungs Quatsch machen. Aber sogar dann redet er noch leise." Stefanie lächelte. „Er behandelt uns mit Respekt!"

„Oh", ihre Mutter staunte darüber, dass ihre 10-jährige Tochter verstand, was mit Respekt gemeint ist. Sie nahm sich fest vor, sich bei Herrn Schneider für sein Verhalten zu bedanken, wenn sie ihn das nächste Mal treffen würde.

Haben Sie je einen Kollegen heimlich um den offenkundigen Respekt von Seiten der Schüler beneidet?

Zehn Wege, durch die Sie Respekt zeigen können:

1. Behandeln Sie Schüler und Kollegen rücksichtsvoll und mit Achtung. Das bedeutet auch, dass Sie sich die Zeit nehmen, sie kennenzulernen. Finden Sie heraus, was sie mögen und was nicht, welche Sorgen und Wünsche sie haben.
2. Halten Sie im Gespräch mit Schülern Blickkontakt, und bemühen Sie sich um gleiche Augenhöhe. Wenn Sie sich dafür neben den Tisch des Schülers setzen oder in die Hocke gehen müssen, dann tun Sie das.
3. Kleiden Sie sich angemessen. Mit ordentlicher Kleidung und einem gepflegten Äußeren zeigen Sie, dass Sie Ihre Tätigkeit und die, mit denen Sie dabei zu tun haben, wertschätzen.
4. Sie sollten aus dem Mund nicht nach Kaffee (oder nach irgendetwas anderem) riechen. Mundgeruch ist eines der Dinge bei Lehrern, das Schüler wirklich auf die Palme bringt. Lutschen Sie z.B. Pfefferminzbonbons oder putzen Sie sich schnell die Zähne, wenn Sie in der Pause Kaffee getrunken haben.
5. Hören Sie Ihren Schülern aktiv zu. Wenn Sie dafür gerade keine Zeit haben, sagen Sie das, und verabreden Sie sich für später mit ihnen.
6. Besprechen Sie das Fehlverhalten eines Schülers im Zwiegespräch mit ihm. Falls sich der Schüler in der Klasse daneben benommen hat, erklären Sie vor der Klasse lediglich, dass Sie dieses Verhalten nicht tolerieren und dass Sie das Problem unter sich klären werden.

5 Zeigen Sie Respekt

7 Verhalten Sie sich sowohl im Klassen- als auch im Lehrerzimmer immer höflich. Schreien Sie niemals! Ein Wutanfall kann die besten Argumente ins falsche Licht rücken und wird Ihrer Sache mehr schaden als nützen.

8 Konzentrieren Sie sich in kritischen Gesprächen auf die positiven Eigenschaften Ihrer Schülern, Kollegen und Schule.

9 Wenn Sie selbst einen Fehler machen, akzeptieren Sie ihn als eine Chance für Ihre persönliche Entwicklung. Machen Sie sich selbst niemals nieder! Damit respektieren Sie sich selbst und geben anderen ein gutes Beispiel.

10 Halten Sie sich gewissenhaft an die Regeln und Vorschriften Ihrer Schule. Damit zeigen Sie Respekt für die Institution, der Sie und Ihre Schüler angehören.

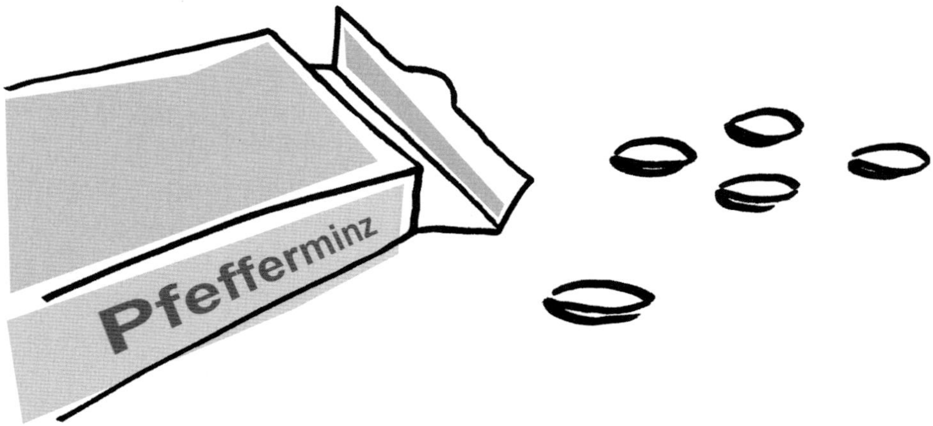

2.

Innere Stärke

Lehrer brauchen eine gehörige Portion innere Stärke und Ausgeglichenheit: Eine klare Ausrichtung im Leben, die das Vertrauen, die Gelassenheit und Geduld gibt, Launen und Affekte zu steuern und sie in konstruktives Verhalten umzuwandeln. Nicht zuletzt ist ein wichtiger Teil unserer inneren Stärke als Lehrer unsere Willenskraft. Sie hält uns in unserem Beruf, auch wenn die „Sonderzulagen" und die Anerkennung von anderen oft sehr dürftig ausfallen. Wenn wir unseren Beruf lieben, dann können wir am ehesten Schüler motivieren und auf produktive Weise arbeiten – und sind innerlich stark. Wir vertrauen uns selbst, sind durchsetzungsfähig, sozial kompetent, ausdauernd, beharrlich und innerlich ausgeglichen.

Setzen Sie sich durch

Lehrer müssen eine Balance zwischen Einfühlungsvermögen und Durchsetzungsfähigkeit finden. In der Klasse eines durchsetzungsfähigen und bestimmten Lehrers kennen Schüler ihre Grenzen und die Erwartungen an sie. In solch einer Klasse arbeiten sie konzentrierter und beteiligen sich mehr am Unterricht. Kollegen behandeln durchsetzungsfähige Lehrer respektvoller. Sie werden auch nicht so leicht versuchen, Aufgaben an sie abzuwälzen, wenn es nicht wirklich nötig ist. Und: Durchsetzungsfähigkeit schafft Vertrauen.

Haben Sie Vertrauen in sich selbst

Jeder Lehrer kennt das flaue Gefühl im Bauch zu Beginn eines Schuljahres und die Anflüge von Unsicherheit in den Monaten danach. Das ist normal. Wirklich selbstbewusste Lehrer leiden allerdings weniger unter Zweifeln und Spannungen: Sie geben sich Gelegenheit, ihre Stärken zu nutzen, und arbeiten gleichzeitig an ihren Schwächen. Ihr Selbstvertrauen strahlt auf ihre Umgebung aus. Es fördert die Lernerfolge ihrer Schüler und gibt anderen Lehrern mehr Sicherheit in ihrem Auftreten.

Achten sie sich selbst, und erkennen Sie Ihren Wert

Anders als Selbstvertrauen hat Selbstwertgefühl oder Selbstachtung mehr mit unserer allgemeinen Einschätzung unseres Charakters und unserer Fähigkeiten zu tun. Selbstachtung ist normalerweise eine Vorbedingung für Selbstvertrauen. Die große Bedeutung unserer Selbstachtung liegt in seiner Wirkung auf unser Können als Lehrer. Wenn Sie z.B. das Gefühl haben, ein guter Lehrer zu sein, dann sind Sie wahrscheinlich auch wirklich einer. Unterrichten ist ein einflussreicher, notwendiger und wertvoller Beruf. Dennoch haben viele Lehrer weniger Selbstachtung, als sie es für erfolgreiche Arbeit bräuchten. Ein gutes Selbstwertgefühl macht uns gelassener, friedfertiger und optimistischer. Es gibt uns mehr Energie und eröffnet uns die Möglichkeit, gut zu unterrichten und auf andere einzuwirken.

Stärken Sie Ihre soziale Kompetenz

Dabei geht es um mehr als nur um Freundlichkeit. Soziale Kompetenz bedeutet, auf andere Rücksicht nehmen, auf sie achten. Sie hat ihren Ursprung und ihre Bedeutung darin, dass wir soziale Wesen sind, die in Gruppen leben, anderen zugewandt und füreinander da sind. Kein Mensch ist eine Insel und sollte daher auch nicht so tun, also ob – schon gar nicht, wenn es sein Beruf ist, mit anderen in Kontakt zu stehen. Ein sozial kompetenter Lehrer geht gut mit seinen Schülern um. Das gute Verhältnis zu ihnen ist ihm wichtig, deshalb setzt er dafür seine Energie ein. Mit dieser Einstellung erlebt er selbst mehr Zufriedenheit und gleichzeitig größere Offenheit bei anderen. Nicht zuletzt ist er seinen Schülern ein Vorbild für soziales Verhalten.

Seien Sie ausdauernd und beharrlich

Der Volksmund weiß: „Ausdauer ist der Schlüssel zum Erfolg" und „Beharrlichkeit zahlt sich aus" – als Lehrer können wir dem nur zustimmen. Wir wissen auch, dass Ausdauer und Beharrlichkeit etwas anderes sind als Sturheit und Verbissenheit. Der US-amerikanische Geistliche Henry Ward Beecher drückte dies folgendermaßen aus: „Der Unterschied zwischen beiden ist, dass Beharrlichkeit oft aus starkem Willen entsteht, während Verbissenheit sich aus einem ‚Ich will nicht' speist." Ausdauer ist die Bereitschaft, eine Aufgabe zu lösen, so gut wir können, und dabei auch Durststrecken zu überstehen. Ob wir wollen oder nicht, diese Eigenschaft brauchen wir einfach, um langfristig gut unterrichten zu können. Wenn wir uns darin üben, gewinnen wir an Selbstvertrauen und Zufriedenheit, weil wir unsere Ziele erreichen.

Empfinden Sie innere Ruhe, und strahlen Sie dies auch aus

Ein Zustand der Ruhe und Gelassenheit erlaubt es uns Lehrern, ausgleichend und gerecht zu reagieren und zu handeln. Friedliche Lehrer sind die besten Vermittler, Ausbilder und Berater – also die besten Lehrer. Sie sind Vorbilder für gewaltfreies Verhalten und weniger anfällig für Stress, Ärger und Enttäuschung. Innere Ruhe ist eine der wirkungsvollsten persönlichsten Eigenschaften eines Lehrers. Ohne sie können wir im täglichen Trubel des Schulalltags mit seinen unzähligen Anforderungen leicht seelischen oder körperlichen Schaden nehmen.

6 Setzen Sie sich durch

… beim Umgang mit Schülern und Kollegen – egal, wann und wo.

„Bitte, Frau Lehmann, nur noch ein paar Tage mehr für unsere Aufsätze", bettelte Jonas. „Ich war so beschäftigt mit dem Berg von Hausaufgaben und dem Fußballtraining und …"

„Ja ja, in Ordnung", seufzte Frau Lehmann, „ihr habt noch zwei Tage". Das war jetzt der dritte Aufschub für diese Aufgabe, zu der sie ihre Fünftklässler überredet hatten. Sie fragte sich, ob sie ihnen damit eigentlich tatsächlich half oder ob sie auf diese Weise einfach nur die Auseinandersetzung vermied.

Was sie nicht mitbekam, war, dass sich Jonas mit seinem Freund auf dem Flur triumphierend abklatschte und kicherte: „Siehst du, ich hab dir gesagt, sie wird wieder klein beigeben. Kein Stress!"

Zehn Wege, durch die Sie sich durchsetzen:

1. Setzen Sie Ihren Schülern klare, realistische Ziele, Grenzen und Vorgaben und erwarten Sie von ihnen, dass sie sie einhalten.
2. Wenn Verhaltensweisen der Schüler Ihr Eingreifen erfordern: Reagieren Sie schnell, gelassen und bestimmt. Verwenden Sie Äußerungen wie „Ich will, dass ihr …".
3. Hören Sie sich alle Anliegen und Vorschläge aufmerksam an, bevor Sie etwas erwidern. Bedenkzeit bewahrt häufig vor unangemessenen Reaktionen.
4. Entwickeln Sie eine grundsätzlich positive Einstellung gegenüber Ihren Schülern und Kollegen, die es Ihnen ermöglicht, warmherzig und freundlich zu sein.
5. Sie haben das Recht, von Freunden, Kollegen, Eltern, Experten und Schülern Hilfe zu erwarten, wenn Sie sie brauchen. Bitten Sie darum, und fordern Sie sie nötigenfalls ein.
6. Geben Sie klare und prägnante Anweisungen was Aufgaben und Abgabetermine betrifft, und formulieren Sie Ihre damit verbundenen Erwartungen deutlich. Lassen Sie durch Ihre Art, sich auszudrücken, Missverständnissen keine Chance. (Vergleichen Sie dazu „*Geben Sie klare Anweisungen*", S. 84.)
7. Planen Sie kurz- und langfristigen Ziele sorgfältig – für Ihre Klassen wie auch für sich selbst. Damit Sie immer wissen, „wo die Reise hingeht". Unvorhergesehene Ereignisse können Sie so besser abfangen und darauf entsprechend reagieren.
8. Achten Sie die Persönlichkeitsrechte – Ihre eigenen wie auch die Ihrer Schüler. Fertigen Sie z.B. Plakate mit Ihren Klassen an, auf denen sie diese Grundsätze aufführen.
9. Legen Sie realistische Konsequenzen für Fehlverhalten fest, und halten Sie sich daran.
10. Nehmen Sie sich selbst ernst, und halten Sie sich an Ihr Wort – egal, ob Ihre Schüler Sie um einen Aufschub bitten, ob Sie von Eltern mit unangemessenen Forderungen bombardiert oder von Freunden oder Kollegen angefleht werden, zusätzliche Aufgaben zu übernehmen.

7 Haben Sie Vertrauen in sich selbst

... denn Sie sind ein guter und kompetenter Lehrer.

Kein Kollege wollte das Volleyballteam der Mädchen trainieren. Es bedeutete viel Arbeit, besonders, weil das Team schon ewig kein Spiel mehr gewonnen hatte. Schließlich erklärte sich Frau Eiberger bereit, die Aufgabe zu übernehmen. Obwohl sie kaum über Trainererfahrung verfügte, war sie voller Zuversicht. Bei ihrer ersten Ansprache an die Mannschaft, sahen die Mädchen noch ziemlich unglücklich aus. „Das ist super!", sagte sie. „Ich habe nämlich noch nie eine Volleyballmeisterschaft gewonnen. Dies wird also meine erste sein. Ich kann es kaum erwarten, mit der Arbeit anzufangen!" Das Erstaunliche war, dass die Mädchen ihren Worten der Zuversicht Glauben schenkten. In diesem Jahr hätten sie tatsächlich um ein Haar die Meisterschaft gewonnen.

Hatten Sie vielleicht schon einmal das Gefühl, in Ihrem Beruf nicht gut genug zu sein? Einfach nicht über die Fähigkeiten zu verfügen, die es braucht, um ein „guter Pädagoge" zu sein?

Zehn Wege, durch die Sie Ihr Selbstvertrauen stärken:

1. Bauen Sie auf Ihre Stärken, indem Sie sich so oft wie möglich Gelegenheit geben, sie zu nutzen. Wenn Sie z.B. gut im Gestalten und fit am PC sind, kümmern Sie sich um die Ausstellungen von Schülerarbeiten oder die Gestaltung der Schulhomepage oder -broschüren. Befassen Sie sich aber auch mit Ihren Schwächen, und arbeiten Sie an ihnen.
2. Legen Sie sich eine Liste mit zehn Dingen an, die Sie zwar belasten, die Sie aber eben gerade so „aushalten". Fangen Sie an, sie aus Ihrem Alltag zu entfernen, an andere zu delegieren oder sonst irgendwie zu verändern.
3. Sorgen Sie für Ihre Gesundheit, indem Sie ausreichend schlafen, sich gesund ernähren und Sport treiben. Trinken Sie jeden Tag mindestens zwei Liter Wasser, und stellen Sie sich eine Flasche davon auf Ihren Schreibtisch.
4. Achten Sie auf eine gute Körperhaltung. Hier hilft eine kleine gedankliche Übung: Stellen Sie sich einen Faden vor, der an Ihren Kopf befestigt mit der Zimmerdecke verbunden ist. Ist Ihr Körper aufrecht, fühlen Sie sich stärker und können dies nach außen zeigen.

7 Haben Sie Vertrauen in sich selbst

5 Bemühen Sie sich um eine positive Einstellung zu sich selbst. Weigern Sie sich, unangemessene Kritik anzunehmen – auch von sich selbst!

6 Wenn eine Situation Sie verlegen macht, suchen Sie sich z.B. eine Pflanze oder einen Gegenstand im Raum, und konzentrieren Sie sich auf ihre bzw. seine Details.

7 Wenn Sie etwas wollen – bitten Sie darum! Vielleicht bekommen Sie es nicht, aber Sie haben so wesentlich höhere Chancen darauf, als wenn Sie schweigen und hoffen, jemand würde Ihnen Ihre Wünsche „von den Augen ablesen".

8 Denken Sie oft an das, was Ihnen gut tut. Wenn Ihr Selbstvertrauen mal etwas ins Wanken geraten ist, denken Sie an Dinge, Orte oder Menschen, die bewirken, dass Sie sich gut fühlen.

9 Wenden Sie über den ganzen Tag verteilt Entspannungstechniken für Ihren Körper an. Sie kennen keine? Dann erlernen Sie eine! Sie können Ihnen nicht nur helfen, angespannte Körperregionen zu entspannen, wie z.B. Ihren Nacken, Ihre Schultern usw., sondern helfen Ihnen vor allem, sich psychisch zu entspannen und „loszulassen". Hier ein paar schnelle Tipps: Stellen Sie sich z.B. vor, Ihr Körper bestehe aus einer Flüssigkeit. „Fühlen" Sie, wie ein sanfter Fluss von Wärme von Ihren Füßen bis zu Ihrem Scheitel aufsteigt.

10 Sind Sie in einer kritischen Situation, spielen Sie das „Ich-vertraue-auf-Spiel". Fragen Sie sich, wie sich ein selbstbewusster Mensch in diesem Fall verhalten würde. Was würde die Person von sich denken? Formulieren Sie diese Gedanken in einem Satz, der mit „Ich vertraue auf …" beginnt. Die Gedanken, die Sie bei diesem „Spiel" entwickeln, werden Ihnen helfen, Ihre eigenen Stärken für die Lösung des Problems einzusetzen.

8 Achten Sie sich selbst

… sowohl im Beruf als auch im Privatleben.

In einem Personalausschuss diskutierten wir lange und heftig über zwei herausragende Kandidaten für die Position des Schulpsychologen. Den Ausschlag gab jedoch der Direktor, als er gelassen fragte: „Wer von den beiden hat denn wohl mehr Selbstachtung?" Als wir darüber nachdachten, kamen uns einige ganz offensichtliche Eigenschaften in den Sinn, und wir wussten auf einmal ganz genau, welcher von beiden am besten in problematischen Situationen zurecht kommen würde.

Zehn Wege, mit denen Sie Ihre Selbstachtung stärken können:

1. Seien Sie stolz auf Ihre Leistungen, und nehmen Sie das Verdienst für Ihre Erfolge selbstbewusst in Anspruch. Das ist kein übertriebener Hochmut – es ist Wertschätzung für Sie selbst.
2. Lernen Sie, sich selbst zu verzeihen. Sie verlieren dadurch nicht an Wert – im Gegenteil: Zu seinen Fehlern zu stehen, ohne sich selbst dafür zu hassen, zeugt von großer persönlicher Stärke. Dadurch gewinnen Sie auch die Kraft, an Ihren Schwächen zu arbeiten, um solche Fehler in Zukunft zu vermeiden.
3. Die Vielfalt zwischen Menschen und die Einzigartigkeit des Einzelnen sind wertvolle und notwendige Bestandteile unserer Gesellschaft. Vergessen Sie das nie, und erhalten Sie sich den Glauben an den grundsätzlichen Wert eines jeden Menschen.
4. Legen Sie die Latte für sich selbst nicht immer höher und höher. Weder große Erfolge noch schwache Leistungen tragen dazu bei, Selbstwertgefühl zu empfinden.
5. Lernen Sie, sich selbst bedingungslos zu mögen – egal, was Sie getan oder nicht getan, was Sie erreicht oder nicht erreicht haben.
6. Seien Sie nachsichtig und liebevoll mit bzw. zu sich selbst. Verantwortungsgefühl bedeutet, zuerst für sich selbst zu sorgen, sodass Sie dann auch anderen Menschen Unterstützung anbieten können. Ein Lehrer, der vor lauter Aufopferung für andere schließlich unter Burnout leidet, hilft niemandem mehr.
7. Denken Sie daran, dass das Empfinden von Glück nicht von beruflichen Erfolgen abhängt.
8. Zählen Sie all das auf, was Sie von anderen erhalten haben – z.B. Wissen, Erkenntnisse, Einsichten, sogar persönliche Eigenschaften. Fragen Sie sich dann selbst: „Wenn ich es nicht wert wäre, hätten die anderen sich dann die Mühe gemacht?"
9. Fühlen Sie sich als der Star Ihres eigenen Lebens. Tun Sie doch einfach mal so, als ob Sie einen Film über sich selbst sehen würden.
10. Der Konjunktiv tut Ihnen nicht gut. Gedanken oder Sätze, die mit „Hätte ich nur …" anfangen, mindern Ihre Selbstachtung. Sie laden dazu ein, zu verurteilen. Satzanfänge wie „Ich möchte …", „Ich ziehe es vor …" oder „Damals habe ich …" sind viel besser.

9 Stärken Sie Ihre soziale Kompetenz

… in den Beziehungen mit den Menschen an Ihrer Schule und in Ihrem Leben.

„Papa, du siehst verärgert aus." Die 11-jährige Mia legte ruhig einen Arm um ihren Vater, der niedergeschlagen auf dem Sofa saß. „Möchtest du drüber reden?"

Der Vater blickte auf. War das wirklich seine kleine Tochter, die seinen Kummer wahrnahm und sich so fürsorglich zeigte? „Mir geht's nicht gut. Ich hatte einen harten Tag." Er war selbst ein wenig überrascht über seine Antwort.

„Du musst mal gedrückt werden", sagte das Mädchen vertraulich und schlang die Arme um ihren Vater.

„Wo hast du gelernt, so zu reden?", fragte er, als er ihre Umarmung erwiderte.

„Von unserer Lehrerin – in der Schule", antwortete seine Tochter.

„Hm", ihrem Vater wurde klar, dass er sich plötzlich besser fühlte.

Zehn Wege, wie Sie Ihre soziale Kompetenz entfalten können:

1. Zeigen Sie anderen, wie sich negative Gefühle angemessen ausdrücken lassen. Bringen Sie den Kindern und Jugendlichen bei, auf welche Weise sie mit solchen Gefühlen und anderen täglichen Stressfaktoren umgehen können.
2. Bestärken und loben Sie positives Verhalten – und zwar konsequent. Seien Sie Ihren Schülern darin ein Vorbild, und bringen Sie ihnen bei, sich gegenseitig zu bestärken. Machen Sie Ihren Schülern vor, wie sie nach angespannten Begegnungen miteinander reden können.
3. Stellen Sie Ihren Schülern offene Fragen darüber, wie sie sich fühlen, und hören Sie sich ihre Antworten genau an.
4. Begrüßen Sie Schüler und Kollegen mit aufrichtigem Interesse und Respekt. Lächeln Sie dabei, und achten Sie auf eine entspannte, „offene" Körperhaltung.
5. Wenn ein Konflikt aufflammt, geben Sie in Ihren eigenen Worten wieder, was Sie glauben, gehört zu haben. Auf diese Weise konzentrieren Sie sich auf das tatsächliche Geschehen statt auf ein mögliches Missverständnis.
6. Sprechen Sie Ihre Schüler und Kollegen immer mit ihrem Namen an.
7. Teilen Sie Ihre Gedanken und Meinungen höflich mit. Bleiben Sie unvoreingenommen. Damit zeigen Sie, dass Sie bereit sind, auch die Ideen anderer zu akzeptieren.
8. Übernehmen Sie Verantwortung für Ihre eigenen Entscheidungen, Fehler oder Schwächen. Geben Sie nicht anderen die Schuld dafür.
9. Seien Sie sich klar darüber, was Sie ohne Worte mitteilen. Sagen z.B. Ihre Augen das Gleiche wie Ihre Stimme? Schüler nehmen Diskrepanzen und Widersprüche sehr genau wahr.
10. Beschreiben Sie jedes Verhalten – selbst problematisches – mit positiven Begriffen. Sagen Sie z.B.: „Was Du tun solltest, ist …", anstatt „Was Du nicht tun solltest …"

10 Seien Sie ausdauernd und beharrlich

... wenn der Lernstoff, das Verhalten der Schüler und berufliche Aufgaben Sie herausfordern.

Frau Fiedler war ratlos. Sie hatte alles versucht, was ihr einfiel, um Daniel das Past Perfect beizubringen – ohne Erfolg. Normalerweise gab sie nicht so schnell auf, aber diesmal kam sie nicht weiter. Beide, sie und ihr Schüler, waren frustriert, bis Frau Fiedlers Aufmerksamkeit an einem Fernsehspot hängen blieb: „Jetzt kaufen, später zahlen!" Das war's! Am folgenden Tag sagte sie Daniel, sie würden das Past Perfect für die nächsten paar Wochen beiseite legen. Seine Miene hellte sich sichtlich auf, und ihr selbst war sofort eine schwere Last von den Schultern genommen. Drei Wochen später nahmen beide die Sache wieder in Angriff – diesmal mit Erfolg.

Zehn Wege zu Ausdauer und Beharrlichkeit:

1. Teilen Sie Aufgaben und Herausforderungen in kleine, überschaubare Häppchen auf, und bearbeiten Sie sie einzeln und nacheinander.
2. Belohnen Sie sich für kleine Teilerfolge. Warten Sie nicht erst bis zur endgültigen Erfüllung der Aufgabe. Gestatten Sie sich z.B. nach der Schule eine Cafébesuch.
3. Erhalten Sie sich Ihre Begeisterungsfähigkeit. Sie lässt Schwierigkeiten leichter erscheinen. Sie können sie dadurch entstehen lassen, dass Sie sich Ihren späteren Erfolg bereits jetzt vorstellen.
4. Versuchen Sie, mögliche Hindernisse vorauszusehen, bevor Sie eine Aufgabe in Angriff nehmen. Legen Sie sich vorab ein paar Strategien zu ihrer Überwindung zurecht.
5. Durchhalten zu können, ist ein Zeichen für Selbstkontrolle. Denken Sie also daran: Sie haben es selbst in der Hand.
6. Nehmen Sie keine Aufgaben oder Herausforderungen an, von denen Sie wissen, dass Sie sie nicht meistern können.
7. Sagen Sie zu Beginn einer kniffligen Herausforderung: „Ja, das wird nicht ganz einfach, aber Ihr wisst, wie man lernt, und ich weiß, wie man gut unterrichtet. Zusammen schaffen wir das." Sie werden sehen, das hilft!
8. Nehmen Sie sich eine Auszeit, wenn Sie vor einem scheinbar unüberwindbaren Hindernis stehen. Meiden Sie für mindestens 48 Stunden alles, was mit der Aufgabe zu tun hat – sogar, daran zu denken. Dann gehen Sie die Sache wieder mit mehr Energie und Motivation an.
9. Schreiben Sie sich auf, wie viele Minuten Sie mit einer besonders schwierigen Aufgabe zubringen. Wenn daraus Stunden werden und sich kein Erfolg abzeichnet, ist es vielleicht Zeit, über Alternativen nachzudenken.
10. Manchmal ist es in Ordnung, sich eine Niederlage einzugestehen. Wenn Sie wirklich beharrlich waren, dann ist das kein Zeichen von Schwäche.

11 Empfinden Sie innere Ruhe, und strahlen Sie dies auch aus

– mit Verstand, Herz und Seele.

„Himmel noch mal, war diese Klasse laut. Ich hab' Kopfschmerzen",
klagte Frau Turba einer Kollegin.
„Nicht sehr friedlich, was?", antwortete ihre Kollegin.
„Friedlich? Du machst Witze. Die haben Krieg geführt."
„Was hast Du daraufhin getan?"
„Einfach noch lauter gebrüllt als sie, bis sie mich gehört haben."
„Und? Hat's geholfen?"
Die Lehrerin seufzte verzweifelt.
„Nein", murmelte sie.
Ihre Kollegin lächelte nur und nickte.
„Wir müssen Vorbilder für Friedfertigkeit sein", fügte sie hinzu, „jeden Tag".

Haben Sie je das Verhalten eines erfolgreichen Beraters beobachtet und sich gewünscht, das gleiche Gefühl der inneren Ruhe auszustrahlen?

Zehn Wege, durch die Sie mehr innere Ruhe empfinden:

1. Atmen Sie dreimal tief durch, bevor Sie morgens aufstehen. Entspannen Sie sich, strecken Sie sich ausgiebig, und lassen Sie in Ihrem Herzen ein Gefühl des Friedens entstehen. Versuchen Sie unbedingt, den Tag gut gelaunt zu beginnen.
2. Formulieren Sie einen positiven Satz, der Sie bestärkt, und sagen Sie ihn immer wieder den ganzen Tag hindurch zu sich selbst. Er könnte lauten: „Ich bin stark, und heute werde ich geduldiger sein" oder „Ich bin mitfühlend, und heute werde ich …"
3. Seien Sie bereits auf dem Weg zur Arbeit bewusst präsent. Schauen Sie sich kleine Details aufmerksam an: einen Vogel auf einer Stromleitung, Schnee auf einer Wiese oder Regentropfen, die die Windschutzscheibe herunterlaufen.
4. Zeichnen Sie Ihre Lebenslinie, und machen Sie sich bewusst, an welchem Ort sie jetzt stehen. Wie weit sind Sie gekommen, und wo möchten Sie in Zukunft gerne sein? So ein sichtbarer Plan gibt uns oft ein Gefühl innerer Ruhe. Er erinnert uns daran, wie wir uns entwickelt und was wir erreicht haben, und vermittelt uns ein erkennbares Bild unserer Zukunft.

11 Empfinden Sie innere Ruhe, und strahlen Sie dies auch aus

5 Werden Sie sich klar darüber, welche Dinge, Situationen oder Menschen Ihnen Stress bereiten. Finden Sie konstruktive Wege, diesen Stress zu überwinden, oder nutzen Sie Methoden, die Ihnen den Umgang damit erleichtern (siehe auch *„So bekommen Sie den Stress in den Griff"* auf S. 32).

6 Es gibt Situationen, aus denen Sie sich einfach möglichst schnell befreien sollten. Z.B. dann, wenn Sie sich eine Arbeit aufgebürdet haben, die eigentlich nicht zu Ihrem Aufgabenbereich gehört und die unerwartet viel Zeit einnimmt. Oder wenn Eltern Ihnen an einem Elternabend mit ihrem unangebrachten Ärger zusetzen. In beiden Fällen gilt: Besser ein rechtzeitiger Rückzug als eine endgültige Niederlage.

7 Akzeptieren Sie, dass Sie nicht für jeden alles sein können und dass Ihnen hin und wieder etwas misslingt.

8 Verzeihen Sie. Verzeihen Sie jedem, der Sie irgendwie verletzt hat. Dadurch bauen Sie Wut ab, und Wut schadet Ihrem Gefühl innerer Ruhe.

9 Vermeiden Sie nach Möglichkeit alle Situationen, in denen Sie sich bedroht und in die Enge gedrängt fühlen könnten. Das Gefühl der Bedrohung schränkt unsere Handlungsfähigkeit ein und bringt uns in eine Abwehrhaltung. Wenn Sie eine solche Situation nicht vermeiden können, suchen Sie nach Wegen, sich weniger auf die Situation einzulassen.

10 Treiben Sie Sport. Besonders gut sind Yoga und Sportarten, bei denen Sie sich körperlich richtig verausgaben können. Davon abgesehen: Ein langer Spaziergang an der frischen Luft tut immer gut.

So bekommen Sie den Stress in den Griff:

- Lernen Sie, zu erkennen, welche Dinge, Menschen und Situationen bei Ihnen Stress auslösen und welche persönlichen Stresssignale Sie entwickeln, wie etwa Kopfschmerzen oder beschleunigtes Atmen.
- Welche Momente der Zufriedenheit, der Freude und des Friedens haben Sie in der vergangenen Woche erlebt? Waren es wenige? Dann haben Sie Ihr Stresspensum vielleicht schon erreicht. Nehmen Sie sich unbedingt eine Auszeit. Machen Sie z.B. einen langen Spaziergang oder treffen Sie sich mit Freunden, um gemeinsam Sport zu treiben.

- Halten Sie Abstand von alltäglichen, belanglosen Konflikten in der Klasse, z.B. Streitereien von der Sorte „Er hat angefangen …" oder „Sie hat mir … weggenommen …". Auch wenn es im Lehrerzimmer eine Debatte darum gibt, wer die Mikrowelle sauber macht – aus solchen unwichtigen Meinungsverschiedenheiten dürfen Sie sich getrost heraushalten.
- Sehen Sie sich selbst als „Lehrer im Werden", im Gegensatz zu einem „fertigen Lehrer". Akzeptieren Sie, dass Sie sich stets weiterentwickeln und lernen – und dass Sie Fehler machen dürfen.
- Fragen Sie sich: Wenn ich nur noch einen Monat zu leben hätte, was würde ich ändern? Wenn möglich, verwirklichen Sie das – oder zumindest etwas, was dem nahe kommt.
- Sorgen Sie für ausreichende Pausen. Wenn Sie Schlafschwierigkeiten haben, versuchen Sie es mit Meditation, entspannender Musik, Phantasiereisen oder sprechen Sie mit Ihrem Arzt über das Problem, um auszuschließen, dass eine organische Ursache vorliegt.
- Stehen Sie in der Schlange an der Supermarktkassen, ärgern Sie sich nicht, sondern erstellen Sie in Ihrem Kopf eine Liste von Dingen, die Sie noch tun müssen oder wiederholen Sie im Geist den Text Ihres Lieblingsliedes.
- Nehmen Sie das Schöne um Sie herum wahr. Entdecken Sie jeden Tag etwas, das Sie erfreut, vielleicht etwas so einfaches wie eine duftende Blume.
- Suchen Sie sich ein Hobby, und reservieren Sie dafür einen festen, wöchentlichen Termin.
- Nehmen Sie sich jeden Tag und jedes Wochenende Zeit, Dinge zu tun, die nichts mit der Schule zu tun haben. Vertreiben Sie dann alle Gedanken an die Arbeit aus Ihrem Kopf.
- Vermeiden Sie unter allen Umständen negative Bewältigungsstrategien, wie z.B. Rauchen, Alkoholmissbrauch, Überarbeitung oder Essstörungen. Wenn Sie davon bereits betroffen sind und Sie selbst nichts dagegen tun können, holen Sie sich so schnell wie möglich professionelle Hilfe.
- Überprüfen Sie sorgfältig, ob Sie in irgendwelchen „Stressfallen" gefangen sind (siehe S. 33). Wenn ja, ist es vielleicht an der Zeit, den Rat eines Experten einzuholen.

Was Sie unter Druck setzt: Stressfallen

Das „Unentbehrlichkeitssyndrom"

Wenn Sie darunter leiden, denken Sie z.B. häufig: „Wenn ich es nicht mache, tut es keiner." Löschen Sie solche Gedanken aus Ihrem Kopf. Ganz ehrlich: Niemand ist unentbehrlich.

Sie sind süchtig nach Arbeit, ein echter Workaholic?

Lehrer sind oft süchtig nach ihrer Arbeit – eben Workaholics, die bis zur Erschöpfung Überstunden machen. Je erschöpfter Sie jedoch sind, desto weniger gut können Sie wahrscheinlich unterrichten und desto leichter werden Sie krank.

Sie sind süchtig nach Erfolg?

In unserer Kultur werden erfolgreiche Menschen bewundert und respektiert. Das Lehrer-Sein erscheint allerdings immer weniger Menschen als bewunderns- oder achtenswerter Beruf. In der Vergangenheit mangelte es nicht an Kritik an unserem Berufsstand. Medien, Politiker, Eltern, Wirtschaft: Alle scheinen genau zu wissen, was wir leisten sollten und dass wir das nicht immer tun. Vielleicht ist das der Grund dafür, dass viele Lehrer sich geradezu getrieben fühlen, immer schneller und härter zu arbeiten. Sie fühlen sich von der Gesellschaft ungerecht verurteilt und versuchen, das durch noch mehr Leistung zu kompensieren – eine todsichere Stressfalle. Lassen Sie die Ansprüche Außenstehender nur bis zu einem gewissen Maß an sich heran. Denken Sie lieber daran, dass es viel wichtiger ist, was Ihre Schüler von Ihnen halten und was Ihre Arbeit im Klassenzimmer an Ertrag abwirft.

Sie wollen alles auf einmal stemmen – der Alptraum des „Multitasking"

Wenn Sie zu viele Dinge gleichzeitig tun, zu viel und zu hektisch arbeiten, selten eine Sache wirklich gut zu Ende bringen, dann leiden Sie womöglich unter diesem Stress-Förderer. Zeit für eine Bestandsaufnahme – und für Entscheidungen. Studien haben gezeigt, dass „Multitasker"-Aufgaben oft nicht so gut ausführen, wie Menschen, die sich derselben Aufgabe widmen, sich dafür aber mehr Zeit und Konzentration nehmen.

Haben Sie Angst vor der Konkurrenz?

Trifft folgende Beschreibung auf Sie zu? Sie sind ein sehr von Konkurrenz getriebener, ungeduldiger Mensch, der unter dem Gefühl leidet, alles sei überaus dringend. Sie können übertrieben durchsetzungsfähig, sogar aggressiv anderen gegenüber sein, falls diese Ihnen bei Ihrem Vorwärtsstürmen in die Quere kommen. Falls Sie das an sich selbst erinnert, machen Sie sich klar, welche Stressbelastung dieses Verhalten in sich birgt.

Was Sie unter Druck setzt: Stressfallen

Sie sind von Unsicherheit getrieben

„War es das wert?" „Bin ich gut genug?" Lehrer, die sich ständig selbst in Frage stellen und an sich zweifeln, sind auf dem besten Wege, vom Stress in einen Zusammenbruch getrieben zu werden. Es ist besser, sich auf gute Leistungen zu konzentrieren, um so den Kreislauf des Zweifelns zu durchbrechen.

Der Supermann-Komplex

Es gibt Lehrer, die in der festen Überzeugung, alles stemmen zu können, immer neue Aufgaben übernehmen. Sie sind auf dem allerbesten Weg, kopfüber in eine Stressfalle zu stürzen. Machen Sie sich Ihre persönlichen Grenzen klar! Wenn Sie merken, dass Sie sie nicht kennen, hören Sie auf Freunde, Familie oder Kollegen: Die sagen Ihnen sicher gerne etwas dazu.

Das „Es-ist-nicht-mein-Fehler"-Syndrom

Manche Lehrer erleben es ständig, dass ihre Schüler hinter ihren Erwartungen zurückbleiben. Dabei weisen sie jede Verantwortung von sich: „Es ist nicht mein Fehler, dass meine Schüler versagen." Damit schieben sie die Schuld von sich, was wiederum unbewusst Schuldgefühle und Stress erzeugen kann. Wenn ein Schüler scheitert, das sollten Sie nicht vergessen, dann sind auch Sie als Lehrer gescheitert.

Das „Ich-Arme(r)"-Syndrom

„Meine Arbeit ist einfach zu hart." „Ich werde für all den Stress nicht gut genug bezahlt." Lehrer, die sich ständig über ihre Arbeit beklagen oder sich selbst leid tun, sind auf dem besten Wege, vor lauter Stress zusammenzubrechen. Wenn der Beruf nichts für Sie ist, dann ist es vielleicht klug, an eine Veränderung zu denken.

Der Drang, das Rad immer wieder neu erfinden zu wollen

Lehrer, die glauben, nur ihre selbsterstellten Materialien seien gut genug für ihre Schüler, entwerfen ständig neue Arbeitsblätter, Aufgaben, Übungen oder Unterrichtseinheiten. Ganz sicher landen sie damit über kurz oder lang in einer Stressfalle. Dabei gibt es reichlich gute und leicht verfügbare Unterrichtsmaterialien.

Das „Mutter-Theresa"-Syndrom

Manche Lehrer glauben irrtümlich, dass sie allen Menschen jederzeit helfen können und sollten. Wenn wir solchen unrealistischen Erwartungen entsprechen wollen, kann das sehr schnell zu unkontrollierbarem Stress führen.

3.

Sorgfalt

Im Rahmen von Schule mit Kindern und Jugendlichen zu arbeiten heißt, sich in den Dienst junger Menschen und ihrer Zukunft zu stellen. Wenn wir uns das klar machen, wird deutlich, warum wir als Lehrer gewissenhaft, genau, gut informiert und vertrauenswürdig sein müssen. Wir müssen ständig gut beobachten und aufmerksam für kleinste Details sein. Die Kinder und Jugendlichen, die uns anvertraut sind, brauchen unsere Kompetenz, unser Wissen und vor allem unsere Zuverlässigkeit. Unsere professionelle Integrität hängt davon ab, dass wir all das können und unsere Rolle als Lehrer mit Freude ausfüllen.

Achten Sie auch auf die kleinen Dinge

Als Lehrer wissen wir, wie wichtig es ist, zu beobachten, was in unserer Umgebung geschieht. Genauso wichtig ist es, unserer inneren Stimme Aufmerksamkeit zu schenken, unsere Intuition zu würdigen. Um erfolgreich zu unterrichten, müssen Lehrer sehen können, was in anderen Menschen vorhanden ist und was nicht. Ein achtsamer Lehrer ist kreativer und vertrauensvoller, verschwendet weniger Zeit und Energie und wird seltener enttäuscht.

Stärken Sie Ihre pädagogisch-didaktische Kompetenz

Berufliche Kompetenz bedeutet, den Lernstoff und auch die Art seiner Vermittlung gut zu kennen. Sie umfasst auch unser Wissen über Kinder und Jugendliche, ihre individuellen Lernstile, Entwicklungsmuster, Wünsche und Bedürfnisse. Jeden Schüler dementsprechend zu fördern – das ist viel verlangt. Aber es bringt uns mehr Erfolg in der Arbeit mit unseren Schülern, ein Gefühl persönlicher Sicherheit, Solidität und Zuversicht; und es hilft uns, einen kontinuierlichen und beständigen Arbeitsstil zu entwickeln.

Hören Sie nie auf, dazuzulernen

Wenn es um Schüler geht, wissen Lehrer bestens über alles Bescheid. So unrealistisch das klingen mag: Es ist etwas Wahres dran. Um gut zu unterrichten, müssen wir viel über Themen wie kindliche Entwicklung, Lernstile und Lehrmaterialien wissen. Wir müssen auch mit Veränderungen mithalten und Zeit für uns selbst haben. Eine Balance zwischen all dem zu finden, bringt Lehrern mehr Selbstvertrauen und Respekt von Seiten ihrer Schüler ein.

Seien Sie zuverlässig

Zuverlässigkeit hat viel mit Ehrlichkeit und Vertrauenswürdigkeit zu tun. Das bedeutet, dass man sich auf Ihr Wort verlassen kann und auch dass Sie nach bestem Wissen und Gewissen Ihre Unterstützung anderen anbieten. Zuverlässigkeit ist eine ganz wesentliche Eigenschaft, um gute Beziehungen zu Schülern aufzubauen und infolgedessen erfolgreich zu unterrichten. Ein verlässlicher Lehrer ist seinen Schülern ein wirklicher Berater und Förderer. Er unterstützt sie dabei, Gruppenzusammengehörigkeit und gegenseitigen Respekt zu entwickeln. Solch ein Lehrer ist ausgeglichen, respektiert seine Schüler und erfährt auch ihren Respekt. Seine Schüler haben Vertrauen in das, was er Ihnen beibringt und sehen ihn als Vertrauensperson.

Zeigen Sie Integrität

Integrität ist eine komplexe Mischung aus Moral und bestimmten Tugenden. Unterrichtet ein Lehrer mit Integrität, dann kommt das von Herzen, und er geht dabei eine Beziehung mit seinen Schützlingen ein. Er weckt ihre Begeisterung fürs Lernen und ihre Motivation, an sich zu arbeiten. Ein solcher Lehrer ist eine starke Persönlichkeit, lebt in Harmonie mit sich selbst und ist im Reinen mit seinem beruflichen Weg.

12 Achten Sie auch auf die kleinen Dinge

… und bewahren Sie sich im Schulalltag die Liebe zum Detail.

Die Stunde verlief reibungslos, bis plötzlich jemand mit einer Sturmhaube auf dem Kopf hereinplatzte, sich die Handtasche der Lehrerin schnappte und wieder hinausrannte.

Die Lehrerin lächelte sichtlich unbeeindruckt und fragte: „Wer kann mir sagen, wie meine Tasche aussah? Sie lag seit dem ersten Schultag immer auf meinem Tisch." Ein paar Schüler rieten wahllos drauflos, aber niemand hatte Details zu bieten.

„Na gut, dann beschreibt mal den Dieb."

Die Beschreibungen, die nun folgten, wichen voneinander ab, waren dürftig und meist falsch.

„Was haben wir also gelernt?", fragte die Lehrerin.

Haben Sie es schon einmal versäumt, festzustellen, dass ein Schüler etwas ein wenig anders oder besser tat, als in der Vergangenheit, z.B., dass er eine schwierige Vokabel richtig schrieb?

Zehn Wege, wie Sie auch Details Ihre Aufmerksamkeit schenken können:

1. Testen Sie Ihre Aufmerksamkeit für Details mit dem Test auf Seite 40. Wenn Sie weniger als die Hälfte der Fragen beantworten können, dann sollten Sie sich darum bemühen, Ihre Umgebung mehr zu beachten. (Die Fragen 11–18 sind für Unterrichtende und Betreuer besonders relevant.)
2. Nehmen Sie bewusst jede Gelegenheit wahr, die Details eines Gegenstandes zu betrachten. (Achten Sie z.B. auf Automarken oder Nummernschilder, wenn Sie an der Ampel auf grünes Licht warten. Zählen Sie die Häuser in einer Straße oder beobachten Sie genau, wie Menschen auch ohne Worte miteinander kommunizieren.)
3. Seien Sie Fakten und Tatsachen gegenüber aufmerksam. Machen Sie sich zu allem Notizen. Ordnen Sie sie einmal in der Woche, fassen Sie zusammen, was Sie auch weiterhin brauchen, und werfen Sie den Rest weg.

12 Achten Sie auch auf die kleinen Dinge

4 Nehmen Sie sich Zeit, darüber nachzudenken, wie sich aktuelle Situationen entwickeln könnten und welche Möglichkeiten in ihnen stecken. Vielleicht reicht dafür schon eine Stunde in der Woche bei einem ruhigen Spaziergang. Es ist etwas Zeit notwendig, um zu lernen, wie sich die Dinge aus dieser Perspektive betrachten lassen. Haben Sie also etwas Geduld.

5 Stellen Sie sich selbst Fragen zu Dingen, die Sie beobachtet haben (z.B.: „Welche Gefühle lösen sie in mir aus?" oder „Was bedeuten diese Beobachtungen?"). Indem Sie eine Situation rational und emotional bewerten, trainieren Sie Ihre beiden Hirnhälften.

6 Achten Sie darauf, welche Kleidung Ihre Schüler oder Kollegen an einem bestimmten Tag tragen. Versuchen Sie, sich abends genau daran zu erinnern. Solche kleinen Trainingseinheiten verbessern Ihre Beobachtungsfähigkeit.

7 Sobald Sie etwas beobachtet haben, handeln Sie entsprechend Ihrer ersten Eindrücke, Impulse oder Ideen. Nachdem Sie die Fakten kritisch bewertet haben, weist Ihre Intuition Sie oft in die richtige Richtung.

8 Versuchen Sie, „ganz im Augenblick zu leben", um das wahrzunehmen, was um sie herum geschieht.

9 Lernen Sie zu meditieren oder geben Sie sich zumindest regelmäßig Zeit, um ruhig nachzudenken.

10 Vermeiden Sie „Multitasking". Auch wenn es dem Zeitgeist entsprechen mag, tun Sie nicht viele Dinge auf einmal. Zwar lässt sich dies manchmal nicht vermeiden, es behindert jedoch eine sorgfältige Wahrnehmung.

Test:
Wie gut nehmen Sie Kleinigkeiten wahr?

1. Versuchen Sie, sich daran zu erinnern, was die Schulsekretärin gestern an hatte.
2. Was haben Sie (oder Ihre Familie) letzten Sonntag zu Abend gegessen?
3. Versuchen Sie, sich an irgendwelche kleinen Details einer Fernsehsendung zu erinnern, die Sie kürzlich gesehen haben.
4. Ist das rote Licht an einer Ampel normalerweise oben oder unten angeordnet?
5. Wo befindet sich die Eins auf einer Telefontastatur?
6. Beschreiben Sie das Verkehrsschild für „Vorfahrt gewähren“.
7. Haben ein 10- und ein 50-Euro-Schein die gleiche Größe?
8. In welche Richtung läuft die Figur auf einem Schild „Auf Fußgänger achten“?
9. Beschreiben Sie das Logo Ihres Lieblingsfernsehsenders?
10. Beschreiben Sie die Homepage Ihrer Schule.
11. Stellen Sie sich den Haupteingang Ihrer Schule vor. Welche Farbe und Größe hat er? Wie sehen die Türgriffe aus?
12. Stellen Sie sich den Schulhof Ihrer Schule vor. Beschreiben Sie für sich, welche Geräte oder anderen Gegenstände es dort gibt. Wie sehen Sie aus? Welche Farben und Formen haben sie?
13. Beschreiben Sie den Briefkopf Ihrer Schule.
14. Stellen Sie sich Ihre Klasse vor. Wie hält jeder einzelne Schüler seinen Stift?
15. Stellen Sie sich Ihre Schüler vor, wie sie dabei sind, zu lesen oder etwas vorgelesen bekommen. Wie sitzt (oder zappelt) jeder von ihnen?
16. Stellen Sie sich Ihre Klasse während einer Schreibaufgabe vor. Gibt es Schüler, die dabei immer die gleiche Haltung einnehmen?
17. Denken Sie an ein bebildertes Buch, dass Sie selbst und auch Ihre Schüler mögen. Beschreiben Sie das erste Bild oder die erste Illustration darin.

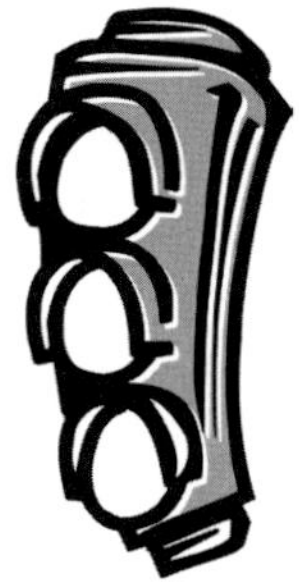

Beurteilen Sie nun selbst, wie gut Sie beobachten können.
Was wir genau betrachten, hat zumindest teilweise mit unseren persönlichen Interessen zu tun. Da Sie als Lehrer, Pädagoge oder Betreuer tätig sind, sollten Ihnen die letzten acht Antworten relativ leicht fallen. Vielleicht sind Sie aber auch erstaunt darüber, wie oft Sie etwas ansehen, ohne es wirklich zu sehen.

Antworten

Frage 1–3: Hier sind unterschiedliche Antworten möglich.
Frage 4: oben.
Frage 5: oben links.
Frage 6: Ein rot umrandetes, weißes Dreieck, das auf der Spitze steht.
Frage 7: Nein. Der 10-Euro-Schein ist kleiner.
Frage 8: Nach links.
Frage 10–17: Hier sind unterschiedliche Antworten möglich.

13 Stärken Sie Ihre pädagogisch-didaktische Kompetenz

... als Lehrer und als Lernender.

„Was machen Sie am Wochenende?", fragte Melissa ihre Lehrerin.
„Hm, zur Schule gehen."
„Sie meinen, Sie kommen hierher?"
„Nein. Ich gehe in eine andere Schule. Um zu lernen. Es ist ein Seminar in der Stadt", antwortete die Lehrerin lächelnd.
„Das gibt's doch nicht! Sie meinen – Lehrer gehen auch zur Schule?"
„Ja", die Lehrerin lachte, „und wir gehen auch ins Kino und ins Schwimmbad und überhaupt so ziemlich überall dorthin, wo ihr auch hingeht".
„Cool!", Melissa hüpfte davon, und ihre Lehrerin lächelte. Hoffentlich hatte sie etwas dafür getan, ein verbreitetes Vorurteil über Lehrer zu zerstreuen.

Wie oft mussten Sie sich schon durch eine Unterrichtsstunde „mogeln" oder sich vollständig auf ein Lehrerhandbuch verlassen, weil Ihnen das Wissen und die Informationen für guten Unterricht fehlten?

Zehn Wege, durch die Sie Ihre pädagogisch-didaktische Kompetenz stärken:

1. Bereiten Sie sich immer auf Ihren Unterricht vor. Ihre Schüler verdienen genau das und kein bisschen weniger. Entwickeln Sie einen Arbeitsablauf oder ein Vorgehen, das für Sie gut funktioniert, und halten Sie sich daran.
2. Schaffen Sie sich ein paar sorgfältig ausgewählte Bücher und ein paar Ordner für Ihren Arbeitsplatz an: Sie könnten z.B. Arbeitsmaterialien für „Zwischendurch" bzw. für Vertretungsstunden oder zu aktuellen Themen enthalten.
3. Lesen Sie regelmäßig eine Zeitung, und sehen Sie die Nachrichten im Fernsehen. Vielbeschäftigte Lehrer verzichten darauf häufig, um Arbeiten zu korrigieren oder den Unterricht zu planen. Als Lehrer wird aber auch von Ihnen erwartet, dass Sie über das aktuelle Zeitgeschehen Bescheid wissen. Wie sonst könnten Sie Ihre Schüler zu aktiven und mündigen Bürgern erziehen?

13 Stärken Sie Ihre pädagogisch-didaktische Kompetenz

4 Abonnieren Sie eine pädagogische Fachzeitschrift, und lesen Sie sie regelmäßig. Sprechen Sie über Ihr neues bzw. erweitertes Wissen mit Kollegen.

5 Oft brauchen Sie Antworten auf bestimmte Fragen. Bitten Sie ein paar Schüler, im Internet danach zu surfen, anstatt es selbst zu tun. Ihre Schüler lernen etwas dabei, und Sie selbst können Ihre Zeit effizienter nutzen.

6 Listen Sie Ihre Defizite als Lehrer auf. Sollten Ihnen selbst keine einfallen, bitten Sie einfach Ihre Schüler um Hilfe. Dann gehen Sie Ihre Schwächen an, und zwar immer nur eine nach der anderen.

7 Schreiben Sie Ihre Erziehungsphilosophie auf (wenn Sie es nicht schon getan haben). Überprüfen Sie regelmäßig, ob sich etwas daran geändert hat. Vergessen Sie auch Ihre persönlichen Ziele dabei nicht, und kontrollieren Sie immer wieder, wo Sie derzeit stehen.

8 Fragen Sie sich, wie viel Ihnen die persönliche Entwicklung Ihrer Schüler wirklich bedeutet und wie sehr Sie sich für deren Lernen tatsächlich einsetzen. Falls Sie den Verdacht haben, dass Sie in diesem Bereich Schwächen haben, sprechen Sie darüber mit einem Freund, Kollegen oder Mentor, und finden Sie einen Weg, besser zu werden.

9 Lassen Sie Ihre Schüler regelmäßig über ihre Werte und Ideen diskutieren. Damit zeigen Sie, dass Sie sie als Persönlichkeiten anerkennen und wertschätzen.

10 Lesen Sie so viel Sie können über die Lebenswelten Jugendlicher heute. Seien Sie neugierig!

14 Hören Sie nie auf, dazuzulernen

... bei der Arbeit mit dem Lehr- bzw. Bildungsplan, den Schülern und den Inhalten Ihres Faches.

„Ich weiß ehrlich gesagt nicht genau, was hier gemeint ist", sagte Frau Pfister.

„Das sagen Sie dauernd", beklagte sich einer der Schüler. „Warum wissen Sie es nicht? Sie sind doch die Lehrerin."

Frau Pfister schluckte. Sie hatte das tatsächlich in letzter Zeit oft gesagt. Aber es war nicht Ihre Schuld, dass sie im Physikunterricht in der 8. Klasse Probleme hatte. Physik war im Studium nicht ihr Hauptfach gewesen. Aber eine Stimme in ihrem Kopf nörgelte: „Du bist die Lehrerin. Es ist dein Job, Bescheid zu wissen!"

An diesem Wochenende belegte Frau Pfister ein Seminar zum Thema „Naturwissenschaften fachfremd unterrichten". Sie stellte dort dem Leiter und auch Kollegen, die das Fach ebenfalls unterrichteten, viele Fragen. Als sie am Montag die Schule betrat, hatte sie das Gefühl, ihr sei eine große Last von den Schultern genommen worden.

Wie oft mussten Sie schon so tun, als ob Sie über etwas Bescheid wüssten, von dem Sie tatsächlich keine Ahnung hatten?

Zehn Wege, wie Sie sich beruflich weiterentwickeln können:

1. Tauschen Sie Unterrichtseinheiten oder -stunden zu verschiedenen Themen oder Fächern mit einem Kollegen aus.
2. Bitten Sie den Schulbibliothekar, Ihnen die neuesten Informationen zum Lernstoff oder neue Unterlagen leihweise in Ihr Fach zu legen.
3. Regen Sie regelmäßige Treffen mit Kollegen an. Tauschen Sie sich einmal in der Woche für eine halbe Stunde über neueste Ergebnisse in Hinblick auf Lehrplan, Methoden usw. aus.
4. Nehmen Sie alle zwei Jahr an einer Fortbildung teil (falls Sie dazu nicht sowieso schon verpflichtet sind). Wenn Sie dies ungern allein tun, überzeugen Sie einen Kollegen davon, mitzukommen. Sie werden beide davon profitieren.
5. Nutzen Sie Tagungen und Kongresse, um sich Wissen über Themen anzueignen, bei denen Sie noch Nachholbedarf haben.
6. Arbeiten Sie mit einem Kollegen zusammen, indem sie sich gegenseitig jeweils einen Tag lang beobachten (normalerweise wird die Schulleitung das als Maßnahme zur persönlichen Entwicklung unterstützen). Geben Sie sich gegenseitig konstruktives Feedback.

14 Hören Sie nie auf, dazuzulernen

7 Bitten Sie entweder die Schulleitung oder jemand anderen, der Ihnen übergeordnet ist, um eine regelmäßige Evaluation. Nehmen Sie die Rückmeldung, egal, wie sie ausfällt, freundlich und gelassen auf.

8 Investieren Sie in Ihre eigene Entwicklung. Nehmen Sie jede Gelegenheit zur professionellen Weiterbildung wahr, die von Ihrer Schulbehörde angeboten wird. Dafür gibt es mindestens drei gute Gründe:

- Was Sie dort lernen, kann Ihnen niemand mehr nehmen.
- Der Lernstoff ändert sich ständig.
- Der Austausch mit Kollegen ist immer hilfreich.

9 Nehmen Sie mindestens einmal im Jahr an einem Seminar oder Kurs teil, das bzw. der nicht direkt etwas mit der Schule zu tun hat (z.B. an einem Meditations- oder einem Malkurs).

10 Stellen Sie Ihren Kollegen oder anderen Fachleuten Fragen, und schreiben Sie die Antworten in eine Art „berufliches" Tagebuch.

15 Seien Sie zuverlässig

... und begegnen Sie Ihren Schülern ehrlich und vertrauenswürdig.

Ein Brief von einer Schülerin der fünften Klasse:

„Ich mag Frau Schreibelmayer. Sie tut immer das, was sie verspricht, und sie sagt die Wahrheit. Nicht wie einige andere Lehrer, die uns dauernd was vormachen. Ich kann ihr alles Mögliche erzählen, und das geht dann klar. Sie erzählt es nicht weiter an andere Lehrer oder an die anderen Schüler. Ich hab sie wirklich sehr gern.

Annika M."

Zehn Wege, wie Sie zeigen können, dass Sie zuverlässig sind:

1. Tun Sie alles, um Versprechen zu halten. Geben Sie keine Versprechen und legen Sie auch keine Konsequenzen fest, die Sie nicht einhalten können. Sollten Sie doch versehentlich in so eine heikle Lage geraten, geben Sie Ihren persönlichen Fehler oder Irrtum zu, entschuldigen Sie sich, und nehmen Sie die Folgen auf sich.
2. Sorgen Sie dafür, dass die Abmachungen und Grenzen zwischen Lehrern und Schülern klar und deutlich sind und auch bleiben. Auf diese Weise wissen alle Bescheid, und niemand wird unangenehmen überrascht. Schüler sollten genau wissen, was Lehrer tun oder nicht tun werden.
3. Halten Sie Fristen und Termine ein – ob sie von Ihrem Schulleiter, Ihrer Schulbehörde oder Ihnen selbst gesetzt wurden. Das gehört zu Ihren professionellen Aufgaben.
4. Führen Sie Ihre Aufzeichnungen und Akten akkurat, und halten Sie sie auf dem neuesten Stand. Es ist sinnvoll, für jeden Schüler eine eigene Akte anzulegen.
5. Kommen Sie pünktlich (oder etwas früher) zur Arbeit, und seien Sie immer vorbereitet. Gliedern Sie Ihr Stundenkonzept übersichtlich, schalten Sie Ihren Kopf auf „Lehrmodus", und halten Sie ein Lächeln bereit.
6. Seien Sie Eltern gegenüber ehrlich. Sie helfen ihnen nicht weiter, wenn Sie die Berichte über ihre Kinder mit Beschönigungen versüßen. Eltern müssen darauf vertrauen können, dass die Informationen über ihre Kinder sorgfältig zusammengestellt und richtig sind.
7. Falls Sie Ihren Schülern bestimmte Informationen, die vielleicht wichtig für sie sind, nicht pünktlich geben können, sagen Sie ihnen das rechtzeitig.
8. Zum Zuverlässig-Sein gehört es auch, gründlich zu arbeiten. Tun Sie dafür Ihr Bestes.
9. Nehmen Sie nur Aufgaben an, die Sie auch wirklich wahrnehmen können. Lernen Sie, „Nein" zu sagen und Arbeiten abzugeben.
10. Wenn Sie mit einer Verpflichtung zu spät dran sind (das wird sicher vorkommen), reden Sie sich nicht heraus. Übernehmen Sie die Verantwortung, entschuldigen Sie sich, und versprechen Sie, die Arbeit so schnell wie möglich fertig zu stellen.

16 Festigen Sie Ihre Integrität

... in Ihrer Rolle als Lehrer.

Ich hatte einen Lehrer, der die Worte „Bleib' dir selbst treu" verkörperte. Er fesselte uns nicht nur durch jedes einzelne seiner Worte; er blieb auch keine Antwort schuldig, wenn es darum ging, seine Überzeugungen zu verteidigen. Tauchte in der Klasse ein besonders heikles oder schwieriges Thema auf, hielt er einen Moment lang inne und ließ es uns dann ganz bewusst ausführlich diskutieren. Wurde ihm das von seinen Vorgesetzten vorgehalten, sagte er einfach: „Es war im Interesse aller."

Zehn Wege zu mehr Integrität

1. Seien Sie sich Ihrer eigenen Prioritäten bewusst. Listen Sie all Ihre persönlichen und beruflichen Ziele in der Reihenfolge ihrer Bedeutung für Sie selbst auf. Fügen Sie sie Ihrer Erziehungsphilosophie hinzu.
2. Wenn es um Themen geht, die Ihnen wichtig sind: Handeln Sie! Seien Sie bereit, für das einzustehen, woran Sie glauben.
3. Nehmen Sie sich bei einem Konflikt die Zeit, verschiedene Lösungen gegeneinander abzuwägen. Welche Auswirkungen könnten sie auf Sie selbst und auf andere haben? Entscheiden Sie sich für die Lösung, die am besten zu Ihren persönlichen Werten und Überzeugungen passt. Impulsives Handeln kann Ihre Integrität als Lehrer aufs Spiel setzen!
4. Halten Sie sich an Ihre Verpflichtungen. Seien Sie sich über die Erwartungen an Sie im Klaren, und erfüllen Sie sie in der vorgesehenen Zeit.
5. Geben Sie nur Versprechungen (und kündigen Sie auch nur solche Konsequenzen an), die Sie einhalten können. Bemühen Sie sich, alle Ihre Projekte so gut wie möglich zu Ende zu bringen.
6. Unterrichten Sie so, wie es Ihrem Naturell entspricht. Ihre Art zu unterrichten darf zeigen, was Sie interessiert, woran Sie glauben und auch, wo Ihre Schwachstellen liegen.
7. Übernehmen Sie Verantwortung für Ihr fachliches Wissen. Bleiben Sie in Ihrem Fach (-gebiet) auf dem neuesten Stand, indem Sie an Tagungen und Workshops teilnehmen.
8. Halten Sie sich an folgende, alte Weisheit: Bevor Sie etwas Unfreundliches sagen, sagen Sie lieber gar nichts.
9. Zeigen Sie Ihren Schülern gegenüber Respekt, indem Sie sie beiseite nehmen und unter vier Augen mit ihnen sprechen, wenn es sie persönlich angeht. Sagen Sie ihnen ehrlich, was Sie denken.
10. Nehmen Sie sich vor, der beste Lehrer zu sein, der aus Ihnen werden kann. Und: Genießen Sie Ihren Beruf ohne Wenn und Aber – auch, wenn er hohe Ansprüche an Sie stellt.

4.

Sorgen Sie gut für sich

Viele Lehrer ruinieren sich, weil sie besser für ihre Schüler sorgen als für sich selbst. Sie setzen sich selbst an die unterste Stelle, wenn es darum geht, sich um die eigene körperliche und seelische Gesundheit zu kümmern. Sie nehmen sich nicht die Zeit dafür aufzutanken, obwohl dies für die Ausübung ihres Berufs unerlässlich ist. Um gut zu unterrichten und um bei der Arbeit mit Kindern und Jugendlichen etwas zu erreichen, müssen Lehrer und Pädagogen ihre Gesundheit und ihr Wohlbefinden erhalten, so gut es irgendwie geht. Sie können nicht mehr sinnvoll arbeiten, wenn sie zu wenig schlafen oder wenn ihre Gesundheit, ihre Urteilskraft oder ihr Selbstgefühl Schaden genommen haben. Lehrer brauchen auch die Unterstützung und Anleitung eines externen Beraters. Ab und zu sollten sie sich sogar die Möglichkeiten einer größeren beruflichen Veränderung gönnen.

Erhalten Sie sich Ihre Energie

Viele Faktoren tragen zum Burnout bei Lehrern bei. „Ausgebrannt zu sein" zeigt sich an einem Zustand allgemeiner Erschöpfung – und es ist ein sehr ernst zu nehmendes Problem. (Um festzustellen, ob Sie Burnout-gefährdet sind, beantworten Sie bitte die Fragen auf Seite 51). Lehrer neigen dazu, sich ständig zu überanstrengen, und machen sich damit zum guten Kandidaten für diesen Zustand der seelischen und körperlichen Verausgabung. Wenn Sie wissen, wie Sie ihre produktive Energie erhalten können, können Sie gelassener bleiben und einen Burnout verhindern.

Finden Sie einen „Mentor"

Suche Sie sich eine Person Ihres Vertrauens als Berater. Die Beziehung zu dieser Person soll wie ein Resonanzboden für Ihre Ideen, Enttäuschungen, Ängste und Errungenschaften sein. Ein Berater hilft uns dabei, unerreichbare Ziele neu zu definieren, und freut sich mit uns über unsere Erfolge. Er unterstützt uns dabei, unsere Stärke und unser Können als Lehrer neu zu bewerten, und ermuntert uns, einen Gang zurückzuschalten, wenn Überanstrengung droht. Ein Berater kommt jedem Lehrer zugute. Oft, aber nicht immer, ist er ein enger persönlicher Freund.

Haben Sie Mut zu Veränderung

Um ihre Kraft und ihr Können zu erhalten, brauchen Lehrer regelmäßige Veränderungen in ihren Arbeitsabläufen, Kursen, Klassenstufen oder Schulen. Veränderung ist gut. Sie kann in etwas Kleinem, wie der Aktualisierung von Materialien, oder in etwas Großem, wie einem Schulwechsel, bestehen. Die Schule zu wechseln – das ist zwar ein von vielen sehr gefürchteter Schritt. Aber unter Umständen kann er sehr wirkungsvoll sein. Ein Schulwechsel wird immer zu Ihrer persönlichen und beruflichen Weiterentwicklung beitragen.

17 Erhalten Sie sich Ihre Energie

… oder: Wie Sie einen Burnout verhindern.

Alle waren überrascht, als Frau Lippert eines Tages nicht zur Arbeit erschien und auch niemand sie in ihrer Klasse vertrat. Es dauerte einige Tage, bevor bekannt wurde, was los war. Frau Lippert lag mit totaler Erschöpfung und einer Lungenentzündung im Krankenhaus. Aus der Überraschung ihrer Kollegen wurde Bestürzung. Wie hatte das geschehen können? Hatte es Warnzeichen für einen Burnout gegeben? Dann erinnerte sich ein Lehrer, dass Frau Lippert in diesem Halbjahr schon eine dritte außerplanmäßige Aufgabe angenommen hatte. Ein anderer Lehrer merkte an, sie habe fünf Deutschklassen und fast jeden Abend Tutorien abgehalten. Außerdem sei sie morgens immer die Erste und abends die Letzte gewesen. Es gab noch andere Hinweise. Frau Lippert verbrachte oft ganze Wochenenden in einem Ausschuss, der sich mit dem Lehrplan befasste. Da sie sehr vielseitig talentiert war, wurde sie außerdem auch oft als Erste angesprochen, wenn jemand bei etwas Künstlerischem Hilfe brauchte. Im Kollegium wurde es still. Das Wort ‚Burnout' hatte in großen Buchstaben auf der Stirn ihrer Kollegin gestanden – und keiner von ihnen hatte es auch nur bemerkt.

Kennen Sie das Gefühl, weder die Energie noch den Wunsch zu haben, noch einen einzigen Schüler einen einzigen Tag lang zu unterrichten?

Zehn Wege, wie Sie sorgsam mit Ihrer Energie umgehen und einen Burnout vermeiden können:

1. Überprüfen Sie regelmäßig, worüber Sie lachen – vielleicht eher *über* Schüler und Kollegen als *mit* ihnen? Dann sollten Sie das, was Ihnen Stress bereitet, reduzieren und Ihrem Humor eine andere Richtung geben: Sorgen Sie dafür, dass er nicht auf Kosten anderer geht. Planen Sie jeden Tag Zeit zum Lachen ein. (Im Abschnitt *„Unterrichten Sie mit Humor"* auf Seite 111 finden Sie dafür gute Ideen.)
2. Sie sollten Ihre eigenen Grenzen und Schwächen kennen und sie auflisten. Engagieren Sie sich nicht in Bereichen, in denen es eher um Ihre Schwachstellen geht. Niemand kann alles für alle sein.
3. Halten Sie Zeit für sich selbst frei – auch, wenn das bedeutet, Arbeit liegenzulassen. Geben Sie sich mindestens 1 Stunde täglich, an Wochenenden auch mehr. Das ist eine notwendige Vorsorgemaßnahme!

17 Erhalten Sie sich Ihre Energie

4 Überprüfen Sie, wie Sie im Stillen mit sich selbst reden. Sagen Sie sich negative Dinge? Wenn ja, spielen Sie das „Stopp-Spiel": Stoppen Sie alle Gedanken, die nicht konstruktiv sind, schalten Sie auf positive Gedanken um, und unternehmen Sie etwas zur Stressverringerung. (Vergleichen Sie dazu auch den Abschnitt *„So bekommen Sie den Stress in den Griff"*, S. 32).

5 Finden Sie etwas, was Sie genießen – ein Hobby, Lesen, Filme, Musik – und geben Sie sich regelmäßig Zeit dafür. Deswegen sind Sie noch lange nicht selbstsüchtig. Wenn Sie es allerdings zulassen, vor Erschöpfung zusammenzubrechen, dann sind Sie es.

6 Lernen Sie, sich durchzusetzen und Schuldgefühle zu vermeiden. (Vergleichen Sie dazu auch den Abschnitt *„Setzen Sie sich durch"* auf S. 24).

7 Verbringen Sie viel Zeit mit aktiven, lebensfrohen Menschen, die keine Lehrer sind.

8 Sorgen Sie für eine stabile soziale Unterstützung: Umgeben Sie sich mit einer Gruppe von Menschen mit ähnlichen Vorlieben, Hobbies, Eigenschaften und Interessen, und treffen Sie sich regelmäßig mit ihnen. Das müssen keine Lehrer sein.

9 Stärken Sie sich selbst. (Vergleichen Sie dazu auch den Abschnitt *„So können Sie sich selbst stärken"*, S. 52).

10 Legen Sie sich ein Haustier zu (Es kann auch nur ein Goldfisch sein). Die Verantwortung für ein Haustier gibt uns Energie. Wenn Sie z.B. mit Ihrem Hund herausgehen, kurbelt das Ihre Energie an, auch wenn Sie sich vorher von der vielen Arbeit überwältigt fühlten.

Sind Sie Burnout-gefährdet?

Wenn Sie mehr als die Hälfte der folgenden Fragen mit „Ja" beantworten, sollten Sie etwas unternehmen, um das Risiko eines Burnout zu verringern.

Ja	Nein	
☐	☐	Fürchten Sie sich vor dem Montag bzw. dem ersten Tag Ihrer Arbeitswoche?
☐	☐	Sind Sie zu müde dafür, die Zeit mit Ihrer Familie oder Ihren Freunden zu genießen?
☐	☐	Leiden Sie unter Schlaflosigkeit oder Essstörungen?
☐	☐	Sind Sie oft ungehalten gegenüber anderen oder ziehen Sie leicht vorschnelle Schlüsse?
☐	☐	Geben Sie regelmäßig Ihre persönliche Zeit auf, um Arbeit aufzuholen?
☐	☐	Sind Sie immer müde?
☐	☐	Sind Sie häufig gesundheitlich angeschlagen? Haben Sie z.B. oft Erkältungen, Husten oder Halsweh, ohne sich krank genug zu fühlen, um zu Hause zu bleiben?
☐	☐	Haben Sie oft Kopfschmerzen?
☐	☐	Ist Ihr gewohnter Sinn für Humor weniger geworden oder gar verschwunden?
☐	☐	Haben Sie den Eindruck, immer mehr hinter Ihrem „Soll" hinterherzuhinken – ganz egal, wie hart Sie arbeiten?
☐	☐	Ertappen Sie sich immer öfter dabei, in Ihrem Unterricht zu improvisieren, anstatt solide und produktiv zu planen?
☐	☐	Fragen Freunde und Kollegen Sie oft, ob Sie sich gut fühlen?
☐	☐	Haben Sie Gewicht verloren oder zugelegt, ohne es sich erklären zu können?
☐	☐	Wachen Sie früh morgens, etwa um vier Uhr, mit rasenden Gedanken auf, ohne wieder einschlafen zu können?
☐	☐	Stapeln sich auf Ihrem Schreibtisch Unterlagen, für deren Bearbeitung Sie offenbar keine Zeit finden?
☐	☐	Haben Sie bemerkt, dass die positive Einstellung Ihrer Schüler im Unterricht nachlässt – möglicherweise als Ergebnis Ihrer eigenen, wenig positiven Einstellung?
☐	☐	Meiden Sie Dinge, die Ihnen früher Freude gemacht haben, z.B. im Lehrerzimmer etwas zu essen oder mit einer Freundin einen Kaffee zu trinken?

So können Sie sich selbst stärken:

- Erinnern Sie sich am Ende jeden Tages an einen guten Moment. Selbst an den schlimmsten Tagen gibt es immer einen Augenblick, der das wert ist.
- Schreiben Sie all Ihre Erfolge auf. Lesen Sie diese Liste, wenn Sie sich bedrückt fühlen oder es Ihnen nicht gut geht.

- Konzentrieren Sie sich im Unterricht auf Positives und Ihre Fortschritte. Das können sehr kleine Dinge sein, z.B., dass alle Schüler daran gedacht haben, das Datum auf Ihre Arbeitsblätter zu schreiben. Reden Sie auch mit Ihren Schülern über jeden noch so kleinen Schritt in Richtung Erfolg.
- Nehmen Sie das Ende es Arbeitstages als den Beginn eines „neuen Tages“: Zeit, die Ihnen und Ihrer Familie gehört. Gehen Sie mit einer zufriedenen Einstellung in diesen neuen Abschnitt. Der erste Schritt dazu ist, dass Sie sich selbst im Spiegel anlächeln.
- Versuchen Sie, schulische Probleme in der Schule zu lassen. Sie können Ihre Schüler nicht mit nach Hause nehmen – genauso wenig sollten Sie das mit ihren Problemen tun.
- Wegen eines schlechten Tages oder eine Unterrichtsstunde, die schief gelaufen ist, sind Sie noch lange kein schlechter Lehrer.
- Gestalten Sie Ihr Leben abwechslungsreich, sodass Sie sich außerhalb der Schule auf etwas freuen können. Vielleicht werden Sie Mitglied in einer Konversationsgruppe oder Sie gärtnern oder malen.
- Halten Sie sich an Ihre persönlichen Zeiten. Wenn Sie sich versprechen, eine Stunde zu lesen, dann sollten Sie das auch einhalten.
- Planen Sie jeden Monat ein besonderes Vergnügen für sich selbst ein. Das können frische Blumen sein, die Sie sich an einem bestimmten Tag in die Schule bringen lassen. (Ich bezahle solche Lieferungen schon bei der Bestellung. Dann fühle ich mich wirklich verwöhnt, wenn sie eintreffen.)
- Regen Sie eine „Schul-freie Zone“ an: ein Treffen mit Kollegen, bei dem typische Lehrergespräche streng verboten sind.
- Bringen Sie sich jeden Tag einen gesunden Imbiss und viel Wasser mit in die Schule. Halten Sie immer eine Wasserflasche an Ihrem Arbeitsplatz bereit.
- Werden Sie Mitglied in einem Fitness Club oder Sportverein – und gehen Sie dann auch hin. Betrachten Sie das als Verpflichtung für sich selbst.

18 Finden Sie einen „Mentor"

… der Ihnen beisteht, wenn Sie sich mutlos oder unglücklich fühlen.

Ich selbst war mehrmals Mentorin und nahm dies als positive Erfahrung wahr. Aber erst, als ich selbst jemanden brauchte, um mir bei einem bestimmten Problem objektiv zuzuhören, wurde mir klar, dass ich selbst einen Mentor brauchte. Ich hatte das Glück, jemanden zu finden – nicht meinen Mann, denn in der Regel kann ein Ehepartner nicht objektiv sein. Seitdem sind meine Mentorin und ich gute Freundinnen, die einander als „Resonanzboden" dienen. Ihr Rat ist hilfreich und wichtig für mich.

Zehn Wege, wie Sie den richtigen Mentor finden:

1. Ein erster Schritt kann darin bestehen, an Menschen zu denken, die Sie bewundern und respektieren.
2. Suchen Sie sich jemanden mit ähnlichen Wertvorstellungen wie Ihre eigenen.
3. Treffen Sie sich einige Male zwanglos mit ihm oder ihr, bevor Sie sich verbindlich auf eine Beziehung einlassen. So bekommen Sie ein Gefühl dafür, wie gut Sie harmonieren und zusammenarbeiten können.
4. Ihre Beziehung sollte auf gegenseitigem Respekt beruhen. Wenn sich das als schwierig erweist, dann haben Sie vielleicht noch nicht den richtigen Mentor gefunden.
5. Suchen Sie sich jemanden aus, der lebenserfahren und erfolgreich ist. In vielen Fällen ist es auch ratsam, dass Ihr Mentor nicht in einem pädagogischen Beruf arbeitet. Das gibt Ihnen eine andere Perspektive auf die Dinge.
6. Auch wenn er selbst kein Pädagoge ist: Suchen Sie sich jemanden aus, der etwas über Ihren Beruf und seine immanenten Schwierigkeiten und Probleme weiß.
7. Überprüfen Sie, ob Sie diesem Menschen vertrauen und es Ihnen mit ihm gut geht. Wenn Sie sich nicht ganz öffnen können, dann finden Sie einen anderen Mentor.
8. Fragen Sie sich, ob auch Sie Ihren Mentor unterstützen könnten. Wenn nicht, finden Sie jemand anderen.
9. Seien Sie ganz offen. Erklären Sie Ihre Bedürfnisse (Sie wünschen sich jemanden, der Ihnen zuhört und bei Ihren Entscheidungen hilft). Die Reaktion wird Ihnen schon verraten, ob Sie den richtigen Mentor gefunden haben.
10. Sobald die Vereinbarung offiziell ist (normalerweise fällt diese Entscheidung nach zwei oder drei Treffen), sollten Sie sich Folgendes fragen: Lernen (oder geben) Sie bei jedem Treffen mit Ihrem Mentor etwas? Wenn nicht, suchen Sie nach einem Weg, um Ihren gegenseitigen Austausch effektiver zu gestalten. Das kann geschehen, indem Sie aktiv zuhören und wichtige Fragen stellen.

*(**Hinweis:** Diese Anregungen basieren auf dem Buch „Perfecting Your Private Practice: Suggestions and Strategies for Psychologists" von Dr. Joan Neehall-Davidson. Trafford Publishing, 2004)*

19 Haben Sie Mut zur Veränderung

... wenn in Ihrem Berufsleben der richtige Zeitpunkt dafür gekommen ist.

Herr Langer hatte zehn Jahre an derselben Schule unterrichtet. Er war beliebt, sozial eingebunden und erfolgreich in seiner Arbeit. Aber er fühlte sich auch ruhelos, ohne zu wissen, warum. Dann wurde ihm bewusst, dass er an dieser Schule alles erreicht hatte, was er erreichen hätte können. Er brauchte einen Schulwechsel. Zunächst glaubte ihm niemand. Warum sollte er etwas Neues wollen, wenn es ihm hier so gut ging? Aber Herr Langer wusste für sich genau, dass er eine Veränderung brauchte. Das erste Jahr an der neuen Schule war nicht leicht. Aber langfristig war der Wechsel wahrscheinlich der beste berufliche und persönliche Schritt, den er je gewagt hatte.

Zehn Ideen für einen erfolgreichen Schulwechsel:

1. Nehmen Sie an die neue Schule nur das Notwendigste mit, etwa Ihre erfolgreichsten Unterrichtseinheiten, persönlichen Bücher und Lehrerhandbücher. Betrachten Sie es als einen Neuanfang.
2. Nehmen Sie sich ein Jahr Zeit zur Eingewöhnung, bevor Sie Ihre Hilfe bei Aufgaben außerhalb des Lehrplans und anderen freiwilligen Tätigkeiten anbieten.
3. Hören Sie zu, beobachten und lernen Sie. Jede Schule hat ihre eigene Kultur. Sie werden sich dort einfügen müssen.
4. Lernen Sie schnell die Menschen kennen, die in der Verwaltung bzw. im Hintergrund arbeiten – auch ihre Namen und ihre Aufgaben.
5. Machen Sie vor dem Wechsel Ihre „Hausaufgaben": Welche routinemäßigen Arbeitsabläufe gibt es? Welche Philosophie, welches Profil hat die neue Schule?
6. Seien Sie an Ihrer neuen Schule präsent – verstecken Sie sich nicht hinter Ihrem Schreibtisch.
7. Nehmen Sie an möglichst vielen „Extras" der Schule teil, etwa an Sportwettkämpfen, Konzerten und Vorführungen. So können Sie sich ein Bild davon machen, wo Ihre und die Interessen anderer liegen.
8. Probieren Sie etwas Neues aus – das kann z.B. ein Fach, eine Klassenstufe oder eine neue Lehrmethode sein.
9. Schreiben Sie sich die Namen Ihrer neuen Kollegen auf. Sammeln Sie möglichst viele „Informationshäppchen", die Sie zu Beginn überall aufschnappen: z.B. die Interessen Ihrer Kollegen und auch das, was sie auf die Palme bringt. So lernen Sie sie schnell besser kennen. Sie brauchen gute Beziehungen für erfolgreiches Unterrichten.
10. Schreiben Sie einen Brief an die Familien der Schüler, die Sie fortan unterrichten werden. Stellen Sie sich darin vor, und teilen Sie mit, welche Erfahrungen Sie mitbringen und welche Philosophie Ihrer Arbeit zu Grunde liegt.

5.

(Selbst)Organisation

Ob im Klassenraum, auf dem Schreibtisch, in Papieren, im Auto oder im Kopf – Durcheinander erzeugt Stress. Ordnung zu halten und den Dingen System und Struktur zu geben – das sind ganz eindeutig Stärken, die wir für effektives Unterrichten brauchen. Das gilt im Kleinen wie im Großen, für unseren Schreibtisch wie auch für eine Gruppe lärmender Schüler.
Im Idealfall haben alle Lehrer die Fähigkeit, zu organisieren, und sind darin ihren Schülern ein Vorbild. Das fängt an mit der Organisation von Raum, Dingen und Zeit und geht weiter mit dem Strukturieren des Lehrplanes: Lehrer können den Stoff so auf ihre Schüler abstimmen, dass diese gut lernen, arbeiten und sich entwickeln können. Dabei können sie ihre eigene Arbeit so sinnvoll organisieren, dass ihnen noch genügend Zeit für persönliche Interessen bleibt. Organisation hat auch etwas damit zu tun, wie wir mit unserem „vollen Kopf", unserem hyperaktiven Verstand umgehen – der uns ja als Feind von Schlaf und Entspannung nur allzu vertraut ist. Und sie hilft uns dabei, große Gruppen von Kindern und Jugendlichen zu steuern und unter Kontrolle zu halten.

Bringen Sie Ordnung in Räume und Dinge

Es gibt Lehrer, die wissen, wo sich alles befindet – zumindest meistens. Sie verschwenden keine Zeit damit, nach Materialien zu fahnden oder sich auf der Suche nach fehlenden Unterlagen durch Kisten oder Akten zu wühlen. Sie haben einfach den Überblick.

Strukturieren Sie Ihre Zeit

Die meisten Lehrer wünschen sich, der Tag hätte mehr als 24 Stunden, damit sie alles erledigen können, was sie vorhaben. Gute Lehrer schaffen es allerdings, viel zu bewerkstelligen und dabei wenig Zeit zu verlieren. Sie selbst werden so ruhiger und gelassener. Ihre Schüler wiederum können im Rahmen einer klaren Zeitstruktur eindeutig verlässlicher lernen.

Ordnen Sie Ihre Gedanken

Lehrern schwirren normalerweise viele Pläne und Ideen im Kopf herum. Deshalb fällt es ihnen schwer, den Strom ihrer Gedanken zu verlangsamen und sich auf einen einzigen zu konzentrieren. Aber gerade das ist eine unverzichtbare Fähigkeit. Wenn es Ihnen gelingt, in Ihrem betriebsamen Geist Ordnung zu schaffen, werden sie sich friedlicher, ruhiger und entspannter fühlen – selbst dann, wenn Sie sich vielen Erwartungen auf einmal ausgesetzt sehen.

Organisieren Sie Ihre Schülergruppen

Wo immer sich Schüler auch versammeln, wächst das Risiko für Unruhe, Störungen oder Fehlverhalten exponentiell mit ihrer Anzahl. Kein guter Zeitpunkt für einen Lehrer, sich vornehm zurückzuhalten und unsichtbar zu machen. Viele Erwachsene sind sich in kritischen Situationen allerdings sehr unsicher – was sollen sie tun? Sie flüchten sich ins Brüllen oder in den Versuch, noch lauter zu sein als ihre bockigen Schüler, aber keines von beiden funktioniert. Lehrer, die in Schüleransammlungen Ordnung halten und den Überblick behalten, sorgen für ein gutes Sozialverhalten und gewinnen außerdem den Respekt Ihrer Schüler, da sie zeigen, dass sie Herr der Lage sind.

20 Bringen Sie Ordnung in Räume und Dinge

... damit Materialien, Papiere, Anweisungen und Infos ihren Platz haben.

Frau Zerbig war sich sicher, die Notenliste in Ihre Zeugnismappe gelegt zu haben – aber nun waren sie einfach verschwunden! Panik stieg in ihr auf, während sie verzweifelt in jeder Schreibtischschublade und jedem Aktenordner danach suchte. Sie brauchte diese Noten. Sie hatte sie noch nicht einmal eingetragen! Als sie sich gerade ihrer Verzweiflung hingeben wollte, glitt das vermisste Stück Papier aus ihrem Planer und flatterte auf den Fußboden. Gerettet! – dieses einmal noch ...

Zehn Methoden, wie Sie Ordnung in Räume und Dinge bringen:

1. Ordnen Sie allen Dingen einen festen Platz zu. Verwenden Sie Ablagekörbe, farbige Mappen oder Boxen, um von Unterlagen bis Arbeitsmaterial alles aufzubewahren. Hängeregister sind besonders praktisch, um Schriftstücke sortiert aufzubewahren.
2. Befreien Sie sich vom Chaos. Halten Sie Ihren Schreibtisch frei von Papierstapeln. Schaffen Sie sich soviel Raum zum Arbeiten wie möglich.
3. Horten Sie keine alten Materialien und Pläne für Unterrichtsstunden. Werfen Sie alle Einzelaufgaben oder Materialien weg, die Sie in den letzten sechs Monaten nicht verwendet haben.
4. Führen Sie für jeden Schüler eine Akte. Legen Sie alles, was den Schüler betrifft, sofort dort hinein. Sortieren Sie monatlich aus, was Sie nicht mehr brauchen.
5. Legen Sie sich eine persönliche Pinnwand gleich neben Ihrem Schreibtisch in der Schule zu. Hängen Sie dort alle Nachrichten aus Ihrem Fach und alle Mitteilungen Ihrer Schulleitung auf, sobald Sie sie erhalten haben. Gehen Sie sie mehrmals in der Woche durch. Was Sie nicht gleich bearbeiten, sortieren Sie aus.
6. Geben Sie Schülern die Aufgabe, bestimmte Bereiche des Klassenzimmers regelmäßig zu reinigen und aufzuräumen.
7. Es gibt Anweisungen, die Sie erhalten und solche, die Sie selbst geben. Verwenden Sie dementsprechend Ein- und Ausgangsmappen, und zwar mit einer bestimmten Farbe für jedes einzelne Thema. Bewahren Sie die Mappen in einem Fach oder auf einem Extratisch auf – nicht auf Ihrem Schreibtisch.
8. Alle Unterlagen für den aktuellen Schultag, wie etwa Arbeitsblätter oder Informationsmaterialien, brauchen einen festen Platz im Raum. Entfernen Sie am Ende des Schultages, was übrig geblieben ist, und legen Sie die Papiere für den nächsten Tag dorthin.
9. Reinigen und ordnen Sie Ihr Auto regelmäßig von innen (Lehrer und Pädagogen neigen dazu, alles auf dem Rücksitz oder im Kofferraum zu lagern). Denken Sie immer daran: Weniger Durcheinander bedeutet weniger Stress.
10. Sortieren Sie Ihre Hand- oder Schultasche regelmäßig aus. Auch hier gilt: Ordnung reduziert Stress!

21 Strukturieren Sie Ihre Zeit

... auch, um Ihren beruflichen und persönlichen Verpflichtungen nachzukommen.

Herr Hoffmann war am Boden zerstört. Es war Anfang Juni. Die Schüler waren schon in Sommerlaune – aber immer noch hatte er einen großen Teil des Lernstoffes nicht durchgenommen. Er musste sich entscheiden: Entweder, er übersprang das meiste oder er versuchte, es seinen Schülern in drei Wochen „einzuhämmern". Plötzlich musste er an die vergangenen Jahre denken. Dabei wurde ihm leider klar, dass er jeden Juni vor dem gleichen Problem gestanden hatte. Er fragte sich, ob das allen Lehrern so ginge.

Zehn Methoden, durch die Sie Ihre Zeit gut planen können:

1. Führen Sie einen persönlichen Stundenplan, Zeit- oder Tagesplaner, den Sie immer bei sich haben. Tragen Sie alles ein, inklusive Arzttermine, bevorstehende Schulveranstaltungen, Fristen, Abgabetermine, Sitzungen und Treffen.
2. Tragen Sie sich alles in einen großen Kalender auf Ihrem Schreibtisch ein: Sitzungen, Treffen, Aufsicht, Aufgaben und anstehende Arbeiten für die Schule.
3. Schaffen Sie sich Routinen für bestimmte tägliche Abläufe, wie z.B. die Überprüfung der Anwesenheit oder die Vorbereitung von Pausenaufsichten. Sie werden so zu klaren Gewohnheiten, über die Sie nicht mehr nachdenken müssen.
4. Planen Sie Zeit für regelmäßige Aktivitäten der Klasse ein, z.B. dafür, von der Schule zum Sportplatz zu gehen. Sagen Sie den Schülern, wie viel Zeit Sie ihnen dafür geben. Spornen Sie sie dann dazu an, ein paar Minuten schneller zu sein.
5. Schlagen Sie möglichst oft zwei – oder mehrere – Fliegen mit einer Klappe. Nutzen Sie z.B. den Übergang vom Unterricht zur Pause, und lassen Sie jeden Schüler eine kurze Frage zum Lernstoff beantworten oder etwas Wichtiges wiederholen.
6. Oft ist der Moment, wo es noch ein paar Minuten bis zum Läuten dauert, knifflig. Halten Sie immer ein paar Ideen in Petto, mit denen Sie die Zeit gut überbrücken können. (Vergleichen Sie dazu die *„Ideen für Zwischendurch"* auf Seite 60.)
7. Ihre Anleitungen und Aufträge sollten so kurz und prägnant wie möglich sein. (Vergleichen Sie dazu *„Geben Sie klare Anweisungen ..."*, S. 84/85.)
8. Kommen Sie immer früh genug in die Schule, um sich auf den Tag vorzubereiten. Lehrer, die in der letzten Minute eintreffen, arbeiten weniger effektiv.
9. Schreiben Sie Listen für all Ihre Aufgaben. Sortieren Sie sie nach Prioritäten, und überprüfen Sie täglich, welche Sie davon erfüllt haben.
10. Überschreiten Sie keine Zeitvorgaben, die Sie sich selbst gesetzt haben. Wenn Sie sich z.B. eine Stunde zum Korrigieren geben, danach aber nicht fertig sind – hören Sie auf! Bringen Sie die Arbeit ein andermal zu Ende.

Ideen für Zwischendurch

- Einfache Spiele, wie „Ich packe meinen Koffer und nehme mit …" oder „Ich sehe was, was du nicht siehst".
- Wortfindungsspiele (Galgenmännchen), Puzzle oder Kreuzworträtsel
- Das Quiz **„Zwanzig Fragen":** Legen Sie sich einen Satz Karteikarten zurecht, entweder mit Fragen zum Allgemeinwissen oder zum Lernstoff.
- **„Finger zählen":** Die Schüler bilden Paare oder kleine Gruppen. Sie als Lehrer nennen eine Zahl, die Schüler schütteln dreimal ihre geschlossene Faust und öffnen sie dann mit gestreckten Fingern (wie viele, entscheiden sie selbst). Dabei sollen die gestreckten Finger jeder Gruppe oder jedes Paares zusammen möglichst nahe an die Zahl herankommen, die Sie zu Beginn genannt haben.
- **„Der große alte Fürst von Wien"** (ein Spiel, dass durch schnelles Aufstehen und Hinsetzen die Konzentration fördert): Erzählen Sie vor der Klasse folgende Geschichte. Fällt ein entsprechendes Wort (oben, unten, hoch, nieder), setzen sich die Schüler schnell hin bzw. stehen sie schnell auf.

  Der große alte Fürst von Wien,
  der hatte zehntausend Hennen.
  Er ließ sie HOCH auf den Hügel marschier'n,
  dann ließ er sie RUNTER rennen.
  Ganz OBEN waren sie sehr hoch,
  ganz UNTEN war'n sie tief.
  Und als sie AUF HALBEM WEGE war'n,
  war'n sie weder HOCH noch TIEF.

- **„Wörter werfen":** Die Schüler bilden Paare. Der Lehrer gibt ein Stichwort, wie z.B. „Obst" oder „Kleidungsstücke". Die Schüler „werfen" dann schnell passende Worte hin und her, bis einer von beiden zu lange zögert oder ihm nichts mehr einfällt.
- Das **„Namensspiel":** Abwechselnd sprechen die Schüler den Namen eines Mitschülers aus. Dabei fügen Sie ein Adjektiv hinzu, z.B. „cooler Christian", oder auch einen kleinen Satz mit einer Alliteration, wie etwa „Malte ist gut in Mathe".
- Der **„Eiswürfeltanz":** Alle stehen auf und stellen sich 30 Sekunden lang vor, ihnen sei ein Eiswürfel hinten in den Kragen gesteckt worden. Sagen Sie dazu: „Achtung, der Eiswürfel fällt jetzt!", und das Gezappel kann losgehen.

Ideen für Zwischendurch

- Das **„Ich-bin-froh-Spiel":** In kleinen Gruppen vervollständigen die Schüler abwechselnd einen Satz, den der Lehrer beginnt. Dabei fängt er mit den Worten „Ich bin froh …" an. Der Lehrer sagt z.B. „Morgen ist Freitag" und die Schüler antworten „… und ich bin froh, dass das der letzte Schultag ist" oder „… und ich bin froh, dass wir morgen Sport haben" oder „… und ich bin froh, dass ich morgen ausschlafen kann".

- Das **„Gewitter":** Die Schüler reiben ein paar Sekunden lang ihre Hände aneinander, dann schnippen sie erst mit den Fingern, klatschen dann leise, werden immer lauter, klatschen schließlich schnell auf die Tische und stampfen mit den Füßen. Dann tun sie alles in umgekehrter Reihenfolge – wie ein Gewitter, das erst stärker wird und dann wieder nachlässt.

- Spiel mit dem Alphabet: Jeder Schüler sagt etwas zu seinem Nachbarn. Dabei beginnt jeder Satz jeweils mit dem folgenden Buchstaben des Alphabets, z.B. so:
  „**A**uf meinem Pausenbrot ist ein Käfer."
  „**B**esser, du isst es nicht, oder?"
  „**C**ornflakes esse ich ja sowieso lieber."
  „**D**as ist ja praktisch."
  …

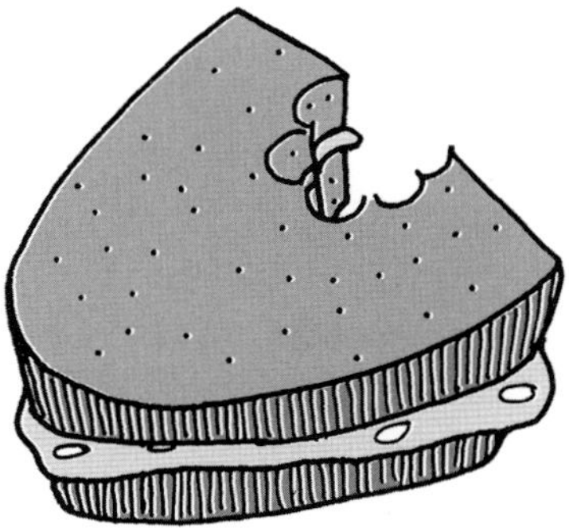

22 Ordnen Sie Ihre Gedanken

... um jeder Aufgabe „aufgeräumt" und mit klarem Kopf zu begegnen.

„Du siehst furchtbar aus", sagte Herr Keil zu dem Kollegen, mit dem er Aufsicht führte.

„Danke", kam die Antwort murmelnd. „Kann nicht schlafen."

„Krank?" fragte Herr Keil.

„Nein – einfach nur den Kopf zu voll. Du weißt ja, wie das ist."

„Ehrlich gesagt, weiß ich das nicht," sagte Herr Keil. „Ich schlafe wie ein Baby."

„Wie machst Du das bloß?", gähnte sein Kollege.

„Ich sage mir einfach beim ins Bett gehen, dass ich erst am nächsten Morgen wieder an all den Kram denken werde. Und das funktioniert."

„Und denkst Du dann morgens daran?"

Herr Keil lächelte. „Ist doch egal. Erstmal schlafe ich mich richtig aus, danach geht alles leichter."

Zehn Wege, Ihre Gedanken zu sortieren:

1. Konzentrieren Sie sich, so gut es geht, immer nur auf eine Sache – selbst dann, wenn Sie mehrere Dinge gleichzeitig tun.
2. Nutzen Sie die „Ich-werde-später-daran-denken"-Strategie. Wenn Sie merken, dass zu viele Gedanken auf Sie einprasseln, suchen Sie sich nur einen heraus. Sagen Sie sich, dass Sie sich den anderen in zehn Minuten zuwenden werden.
3. Singen Sie. Werden Sie Mitglied in einem Chor oder einem Gesangsverein oder singen Sie einfach zur Musik aus dem Autoradio oder zu Hause zu einer CD. Singen „zwingt" den Verstand, sich zu entspannen und chaotische Gedanken loszulassen.
4. Machen Sie sich unablässig Notizen. Wenn Gedanken auftauchen, bringen Sie sie zu Papier und legen Sie sie so ab, dass Sie sie bei Bedarf finden. Das ist besser, als zuzulassen, dass sie Ihren Kopf „verstopfen".
5. Techniken zum besseren Einschlafen können Ihnen helfen, Ihren Verstand zur Ruhe zu bringen. Probieren Sie ein paar aus, um eine passende für sich zu finden.
6. Wenn Sie nachts aufwachen und Ihr Gedankenchaos Sie daran hindert, wieder einzuschlafen, stehen Sie auf! Trinken Sie etwas Warmes (ohne Koffein), lesen Sie für 15–20 Minuten etwas „Leichtes", und gehen Sie dann wieder ins Bett.
7. Hören Sie anderen aktiv zu. Das bedeutet: Konzentrieren Sie all Ihre Aufmerksamkeit auf Ihr Gegenüber, und hören Sie wirklich, was er oder sie sagt.
8. Führen Sie tagsüber einfache Übungen am Schreibtisch durch (siehe folgende Seite), sobald Sie das Gefühl haben, im Gedankenchaos zu versinken.
9. Unternehmen Sie einen flotten Spaziergang – und wenn Sie nur einmal um die Schule laufen – und konzentrieren Sie sich dabei ganz auf Ihre Umgebung.
10. Nehmen Sie an Yoga-, Tai Chi- oder Pilateskursen teil – und zwar regelmäßig.

„Entmüllen" Sie Ihren Kopf

1. Bereiten Sie sich nachts auf das Zu-Bett-Gehen vor

- Nehmen Sie jeden Abend zur gleichen Zeit ein warmes Bad (keine Dusche).
- Atmen Sie drei- bis zehnmal tief ein, wenn Sie im Bett sind. Halten Sie jeden Atemzug so lange wie möglich, und atmen Sie langsam aus.
- Nehmen Sie zwei bis drei Stunden vor dem Zubettgehen weder Zucker noch Koffein zu sich.
- Versuchen Sie, jeden Abend ungefähr zur gleichen Zeit zu Bett zu gehen.
- Kaufen Sie sich eine Schlafmaske für die Nacht. Sie vermittelt Ihnen ein Gefühl von Ruhe und Entspannung.

- Manche Menschen entspannen sich mit einem Glas Wein vor dem Schlafengehen (ein Glas erfüllt diesen Zweck voll und ganz).
- Versuchen Sie es mit einem Getränk aus warmer Milch, jedoch ohne Kakao.
- Wenn Sie Yoga mögen, führen Sie vor dem Zubettgehen einige der entspannenden Dehnübungen durch. Die „Vorwärtsbeuge im Sitzen" (Fachbegriff: Paschimotanasana) und die „Position des Kindes" (Fachbegriff: Balasana) sind dafür gut geeignet.
- Lesen Sie etwas, das nur Ihrem Vergnügen dient, bevor Sie sich zur Ruhe begeben.

2. Entspannen Sie Ihren Körper

Alle hier vorgestellten Übungen können Sie sitzend an Ihrem Schreibtisch oder sogar im Auto durchführen. Wenn der Verstand rast, ist oft auch der Körper angespannt. Der überaktive Kopf kann sich offenbar besser entspannen, wenn wir die physische Spannung lösen – und sei es auch nur ein klein wenig. Im schlechtesten Fall werden diese Übungen Sie vorübergehend ablenken – und das ist doch schon einmal ein Anfang.

- **Die Anspannung im Nacken mindern:**
  Drehen Sie, während Sie ausatmen, den Kopf so weit wie möglich zu einer Seite, und blicken Sie über die Schulter nach unten. Halten Sie die Position einige Sekunden lang. Drehen Sie, während Sie wieder ausatmen, den Kopf wieder zur Mitte, und wiederholen Sie die Übung mit der anderen Seite.

Spannung in den Beinen reduzieren:
Strecken Sie ein Bein vom Körper weg, und ziehen Sie die Fußspitzen zu sich heran. Beugen Sie, während Sie ausatmen, den Oberkörper so weit wie möglich zum gestreckten Bein hinunter, und halten Sie diese Position.

Ängstlichkeit und Beklemmungen lösen:
Lassen Sie Ihren Oberkörper beim Ausatmen so weit wie möglich nach vorne auf Ihre Knie fallen – wie eine Stoffpuppe – und verharren Sie einige Momente in dieser Position.

Spannung im Rücken lösen:
Strecken Sie einen Arm nach unten in Richtung Fußboden und den anderen zu Decke. Halten Sie diese Position etwa 20 Sekunden lang.

Verkrampfungen im oberen Rücken lindern:
Ziehen Sie die Schulterblätter so weit wie möglich nach hinten zusammen. Halten Sie diese Position fünf Sekunden lang. Ziehen Sie dann die Schultern nach vorne so dicht wie möglich zusammen. Bleiben Sie auch in dieser Haltung fünf Sekunden lang. Wiederholen Sie das Ganze.

Spannung im Rücken lösen:
Fassen Sie mit einer Hand das Gelenk der anderen Hand, strecken Sie dann beide Arme vom Körper weg, und drehen Sie die Hände dabei so, dass die Handflächen von Ihnen wegzeigen. Halten Sie diese Position.

Anspannung im Nacken und Kopfschmerzen lindern:
Rollen Sie den Kopf sanft in einem Halbkreis von einer Seite auf die andere. In der Mitte ist das Kinn dicht an der Brust, der Kopf fällt nicht nach hinten.

Druck oder Spannung im unteren Rücken mindern:
Ziehen Sie die Bauchmuskeln ein (der Nabel zieht quasi zunächst in Richtung Wirbelsäule und dann „nach unten" in Richtung Steißbein), und halten Sie diese Kontraktion so lange wie möglich.

Ängstlichkeit und Beklemmung lindern:
Schließen Sie die Augen, und atmen Sie tief ein (dabei dehnt sich der Bauch, und das Zwerchfell senkt sich). Halten Sie die Anspannung fünf Sekunden lang. Atmen Sie ruhig durch den Mund aus, und versuchen Sie dabei, alle restliche Luft aus den Lungen entweichen zu lassen (Falls Sie husten müssen, ist das gut!). Wiederholen Sie das mehrmals. Stellen Sie sich bildlich vor, Sie würden sich wie ein Ballon aufblasen, die Luft wieder herauslassen und dabei mit der Ausatmung allen Stress aus sich herauspusten.

23 Organisieren Sie Ihre Schülergruppen

... in den Pausen, bei Zusammenkünften und zwischen den Unterrichtsstunden.

Als sich die gut 300 Schüler zur monatlichen Schulversammlung der Oberstufe in Richtung Turnhalle schoben, schauderte es Frau Paul. Heute war Sie an der Reihe, diesen wilden „Haufen" unter Kontrolle zu halten. Sie hatte das Gefühl, kaum etwas ausrichten zu können, wenn es so viele auf einmal waren. Dann ging die Drängelei los. Zuerst nur ein kleiner Schubser, dann noch einer, und bald waren alle beteiligt.

Als Sie gerade losbrüllen wollte, erstarrten die Schüler plötzlich alle, und blickten nach oben. Dort stand die kleine Frau Yilmaz mit ihren gerade mal 1,50 Metern auf einem Tisch – mit einem „Zauberstab" in der Hand.

„Schon besser so", sagte sie leise und deutlich. „Ich erwarte von jedem einzelnen von euch, dass er ordentlich weitergeht."

Frau Paul fragte sich, warum ihr es in der Ausbildung niemand beigebracht hatte, einen „Scheinzauberstab" einzusetzen.

Zehn Tipps, mit denen Sie Schülergruppen kontrollieren können:

1. Seien Sie für alle deutlich präsent. Bewegen Sie sich innerhalb der Schülergruppe.
2. Schauen Sie so vielen Schülern wie möglich in die Augen.
3. Sprechen Sie die Schüler lobend mit ihren Namen an, z.B.: „Toll, dass du so ruhig wartest, Sabrina."
4. Tragen Sie etwas Auffälliges mit oder an sich – einen Schirm, einen (Zauber-)Stab, ein Spielzeugschwert oder eine Schirmmütze in einer weit sichtbaren Farbe (mit der Sie sich wohlfühlen). Oder nehmen Sie etwas, womit Sie laut werden können, wenn der Lärm eskaliert – etwa eine Pfeife oder eine Glocke.
5. Sprechen Sie mit ruhiger Stimme, wenn Sie Anweisungen geben oder Fehlverhalten ansprechen. Schreien Sie niemals!
6. Erwarten Sie von den Schülern ordentliches Verhalten. Dann ist auch die Wahrscheinlichkeit größer, dass sie sich danach richten.
7. Stellen Sie sich auf etwas, dass Sie größer als die Gruppe sein lässt, z.B. auf einen Tisch, auf einen Treppenabsatz oder auf einen Stuhl.
8. Setzen Sie Ihre Gestik ein. Senken Sie z.B. langsam beide Hände, um anzuzeigen, dass es ruhig zu werden hat.
9. Gehen Sie sofort auf die Schüler, die Unruhe stiften, zu. Damit können Sie verhindern, dass sie sich weiter ausbreitet.
10. Jede Schule braucht Grundsätze und Richtlinien im Umgang mit unangemessenem Gruppenverhalten. Seien Sie sich über deren Inhalte klar, und wenden Sie sie sofort und konsequent an.

Regeln für das Verhalten bei Veranstaltungen/Versammlungen

- Achtet, während ihr euch versammelt, immer auf die anderen und verhaltet euch ihnen gegenüber mit Respekt. Das bedeutet: Andere werden weder geschoben noch gedrückt.
- Redet leise – oder gar nicht. Hört auf die Anweisungen.
- Achtet auf den Lehrer, der die Anweisungen gibt.
- Wartet geduldig.

Diese Folgen habt ihr zu erwarten, wenn ihr euch bei Schulveranstaltungen oder anderen Versammlungen nicht angemessen verhaltet:

Hinweis: *Im Allgemeinen sind dies Maßnahmen, die schrittweise, also aufeinander folgend, angewendet werden. Ausgenommen hiervon ist schweres Fehlverhalten wie Schlagen oder Prügeln. In diesen Fällen wird der Lehrer sofort die dritte und vierte Maßnahme anwenden.*

1. Maßnahme: Du wirst durch den verantwortlichen Lehrer gewarnt.
2. Maßnahme: Du musst die Gruppe verlassen und bleibst neben dem Lehrer stehen.
3. Maßnahme: Du musst die Gruppe verlassen und zur Schulleitung. Deine Eltern werden anschließend benachrichtigt, und die Angelegenheit wird mit dem Direktor oder dem Beratungslehrer besprochen.
4. Maßnahme: Du darfst für eine noch festzulegende Zeit nicht mehr an Versammlungen teilnehmen. Zusätzlich wird ein Brief zu dir nach Hause geschickt.

Sehr geehrte/r ______________________________,

hiermit möchten wir Sie darüber informieren, dass Ihr Sohn/Ihre Tochter

______________________________ (Name des Schülers)

nicht mehr an Versammlungen oder anderen größeren Veranstaltungen der Schule teilnehmen darf. Der Grund dafür ist sein/ihr unangemessenes Verhalten während

______________________________ (Ereignis)

am ______________ (Datum).
Dieser Ausschluss wird gelten bis zum ______________ (Datum).
Während des oben erwähnten Ereignisses hat Ihr Sohn/Ihre Tochter folgendes getan:

____

Anstatt an der nächsten Veranstaltung dieser Art teilzunehmen, wird

____

(Name des Schülers und Aufgabe, die er/sie stattdessen auszuführen hat)

Mit freundlichem Gruß

____

6.

Unterrichtsmethoden erfolgreich einsetzen

Denken Sie einmal darüber nach, was Sie von einem Vortrag auf einer Tagung mitnehmen – oder darüber, wie Sie auf den ersten Eindruck reagieren, den der Referent bei Ihnen hinterlässt. Oft sind der Anfang und das Ende einer Veranstaltung das, woran wir uns am deutlichsten erinnern. Selbst sie vergessen wir aber möglicherweise, wenn der Redner keinen guten Einstieg in das Thema geschafft hat. Das lässt sich auf die Schule übertragen: Unsere Schüler lernen besser, wenn wir uns mit dem Einstieg in die Stunde besondere Mühe geben und sie mit Pfiff und Fantasie beginnen (und wenn möglich auch abschließen). Neben praktischen Tipps zu diesem Thema, möchte ich Ihnen hier zwei didaktische Ansätze besonders ans Herz legen: differenziertes Unterrichten und die Verwendung von Bilderbüchern bei älteren Kindern. Sie haben sich bei mir zu deutlichen Qualitätsmerkmalen meines Unterrichts entwickelt.

Beginnen Sie den Tag mit Schwung

Ein Schultag verläuft oft so gut oder schlecht wie sein Anfang. Das sind kostbare Minuten, die sehr nachhaltig wirken und die Grundlage für die weitere Arbeit schaffen. Wenn ein Lehrer den Tag mit einer Extraportion Elan und Schwung startet, werden seine Schüler mit mehr Begeisterung und Spaß bei der Sache sein.

So beginnen Sie eine Stunde richtig

Werfen Sie am Anfang der Stunde einen „Köder" aus, mit dem Sie die Aufmerksamkeit der Schüler einfangen. Ich verstehe unter einem motivierenden Einstieg vor allem meine persönliche Begeisterung für das, was kommt. Sie steckt den Schüler an und hinterlässt Eindruck bei ihnen. Ein guter „Köder" weckt das Interesse der Schüler. Gelingt Ihnen das mit Ihrem Stundeneinstieg, können Sie zuversichtlich auf den weitern Verlauf der Stunde blicken.

So schließen Sie Stunden erfolgreich ab

Die meisten Menschen erinnern sich besser an den Anfang und das Ende von Gesprächen, Geschichten, Filmen und Ereignissen als an die Details dazwischen. Schüler sind da nicht anders. Lehrer können sich das zu Nutze machen. Ein guter Stundenabschluss gibt den Schülern ein unmittelbares Resümee, die Essenz dessen, was sie gerade gelernt oder geübt haben. Damit nehmen sie auf jeden Fall etwas in die folgende Stunde mit und fühlen sich mehr für ihr eigenes Lernen verantwortlich.

Unterrichten Sie nach dem Prinzip der Differenzierung

Jeder Schüler lernt auf individuelle Weise und bringt unterschiedliche Voraussetzungen in den Unterricht mit: Im Hinblick auf seine Vorbereitung, seine Fähigkeiten, seinen kulturellen Hintergrund und seine Motivation ist heute kaum mehr ein Schüler wie der andere – mit steigender Tendenz. Deshalb müssen wir Lehrer auf die Vielfalt in unseren Klassen gezielt reagieren und mit dieser Verschiedenartigkeit unseren Unterricht bereichern. Wenn wir differenziert unterrichten, werden unsere Schüler erfolgreicher lernen und weniger schulische und persönliche Enttäuschungen erleben. Und: Wir Lehrer werden mehr Unterstützung von Seiten der Eltern erfahren.

Bilderbücher für ältere Schüler

Alle Lehrer kennen Schüler, die sich mit dem Lesen sehr schwer tun und/oder denen das Lesen einfach keinen Spaß macht. Egal, ob sie nicht lesen können, oder ob sie es einfach nicht wollen: Die Idee, ihnen Bücher unterhalb ihres tatsächlichen oder vermeintlichen Leseniveaus zu geben, erzeugt oft missbilligendes Stirnrunzeln. Wenn wir ihnen diese Bücher aber „schmackhaft" machen und sie motivierend einsetzen, werden sie vielen Schülern das Lesen erleichtern.

24 Beginnen Sie den Tag mit Schwung

… mit mehr als nur einem Lächeln und einem „Hallo".

Eine Gruppe von Schülern stand zusammengedrängt draußen und wartete aufgeregt aufs Läuten, weil sie dringend hinein wollte. Die Lehrerin, die Aufsicht hatte, wollte herausfinden, warum die Jugendlichen so erpicht darauf schienen, in die Klasse zu kommen. Sie ging zu ihnen hinüber und hörte, wie sie sich unterhielten.

„Ich bin gespannt drauf, was es heute sein wird", sagte einer von ihnen.

„Ich tippe, es wird ein Witz sein", antwortete jemand.

„Nee!", meinte ein Dritter. „Am Dienstag war's doch schon ein Witz. Heute muss es was anderes sein!"

Als die Lehrerin fragte, worüber sie redeten, erzählte ihr eine Schülerin: „Jeden Morgen gibt's eine Überraschung! Das ist cool!"

Haben Sie schon einmal bemerkt, dass manche Schüler morgens früh schon lächelnd hereinkommen, während andere sich zu ihren Bänken schleppen und dabei aussehen, als ob sie überall lieber wären, als in diesem Raum?

Zehn Wege, den Tag schwungvoll zu beginnen:

1. Begrüßen Sie ab und zu alle Schüler einzeln an der Tür mit Handschlag, und sprechen Sie jeden mit Namen an („Guten Morgen, Ricarda!").
2. Schreiben Sie einen kleinen Lückentext für den Tag an die Tafel, den Ihre Schüler bei ihrer Ankunft sofort ausfüllen sollen, z.B.:

   He_ _e gehen w_r i_ d_ _
   Tu_ _ _ _ _ _ _ u_ _
   s_ _ _ _en Vo_ _ _ _ _ _l.

3. Projizieren Sie zur Begrüßung mit dem Overheadprojektor eine Karikatur oder einen Witz an die Wand.
4. Erwarten Sie die Schüler an der Tür mit einem Gegenstand im Arm, der zu einer bestimmten Unterrichtsstunde des Tages passt. Verraten Sie Ihnen aber bis dahin nicht, worum es geht.

24 Beginnen Sie den Tag mit Schwung

5 Beginnen Sie den Tag mit dem Vorlesen eines humorvollen Gedichtes, z.B. von Christian Morgenstern oder Joachim Ringelnatz.

6 Schreiben Sie ein Lied an die Tafel oder legen Sie den Text auf den Overheadprojektor. Bringen Sie es Ihren Schülern gleich am Morgen bei, und singen Sie es gemeinsam.

7 Auf der Tafel ist eine Zeichnung des Galgens und der Schlaufe für das Galgenmännchenspiel zu sehen. Lassen Sie damit als erstes die Schüler erraten, was sie an diesem Tag bzw. in dieser Unterrichtsstunde tun werden.

8 Beginnen Sie die Stunde, indem jeder Schüler seinen Namen nennt und dazu etwas zur Begrüßung sagt. Beispiele: „Hi, ich bin Anna und ich hoffe, wir haben heute keinen allzu stressigen Tag." „Daniel grüßt euch alle." „Hier Felix, bei der Arbeit."

9 Alle Schüler bekommen im Lauf der Zeit die Gelegenheit, die Anwesenheit der Klasse zu überprüfen. Auch Ihr Name sollte auf der Liste stehen, sodass auch Sie „Anwesend" sagen müssen. Derjenige, der die Liste vorliest, gewinnt an Selbstwertgefühl.

10 Begrüßen Sie Ihre Schüler morgens an der Tür auf eine ungewöhnliche Weise – etwa, indem Sie einen imaginären Hut ziehen, sich verbeugen, „Hey", „Buenos Dias" oder „Good morning" sagen. Die Schüler sollen Ihnen auf die gleiche Weise antworten.

25 Planen Sie den Stundeneinstieg sorgfältig

… damit Sie alle Schüler erreichen und fürs Lernen begeistern.

Die Schüler waren still. Sie schauten ehrfürchtig mit weit geöffneten Augen auf die Lehrerin, die ruhig und langsam in einer großen Einkaufstüte aus braunem Papier wühlte. Was würde sie finden? Die Klasse wusste genau: Sobald diese Tüte auftauchte, kam bald darauf etwas Interessantes daraus zum Vorschein. Plötzlich erschien eine Miniaturausgabe der Sphinx. „Cool!", rief ein Schüler erfreut. „Heute werden wir was über Ägypten lernen."

Zehn Wege für einen guten Stundeneinstieg:

1. Beginnen Sie mit einem Zeichen, das alle gut kennen, um die Aufmerksamkeit zu wecken. Das kann ein bestimmter Ton oder ein spezielles Geräusch sein, etwa eine Pfeife, eine Glocke, ein Musikstück oder auch eine bestimmte Geste.
2. Warten Sie gelassen ab. Fangen Sie nicht an, ehe nicht alle Schüler mit ihrer Aufmerksamkeit bei Ihnen sind.
3. Verwenden Sie die Methode mit der braunen Tüte, und ziehen Sie etwas Überraschendes daraus hervor, das mit dem Thema der Stunde zu tun hat.
4. Dunkeln Sie den Raum ab, und projizieren Sie mit dem Overheadprojektor etwas Farbiges an die Wand. Die Schüler sollen es 30 Sekunden lang betrachten. Dann lassen Sie sie vermuten, warum Sie ihnen dieses Bild zeigen.
5. Tragen Sie ein Kleidungsstück, das mit der Stunde oder dem Fach zu tun hat. Ich kannte einen Englischlehrer, der am St. Patricks-Tag (dem Irischen Nationalfeiertag) immer von Kopf bis Fuß in Grün (der Irischen Nationalfarbe) gekleidet war.
6. Geben Sie den Schülern ein paar allgemeine Hinweise, mit deren Hilfe sie erraten können, was sie in der Stunde lernen werden. „Wir befassen uns heute mit etwas, das beeinflusst, was ihr am Morgen anzieht." (hier: Das Wetter)
7. Versuche Sie wenn irgend möglich immer, den Lernstoff mit den Interessen der Schüler zu verbinden. Ein Beispiel: Wenn es um einen Aufsatz geht, dann geben Sie einen Schreibanlass an, der zur Lebenswirklichkeit der Schüler passt bzw. der sie interessiert. Lassen Sie sie z.B. eine Inhaltsangabe über eine Folge der „Simpsons" verfassen.
8. Erklären Sie Sinn und Zweck der Unterrichtsstunde. Schüler sind interessierter, wenn sie wissen, warum sie etwas lernen.
9. Erklären Sie den Schülern von Anfang an deutlich, was Sie in dieser Stunde von ihnen erwarten.
10. Drücken Sie sich auch durch eine lebendige und selbstsichere Körpersprache und Gestik aus. Zeigen Sie Ihre Begeisterung und Leidenschaft für das, was sie mitteilen oder unterrichten.

26 Schließen Sie jede Stunde erfolgreich ab

... statt einfach nur zu unterrichten, bis es klingelt.

Die Lehrerin sah zu, wie ihre Sechstklässler am Ende des Schultages das Klassenzimmer verließen. Sie hörte, wie Jonas seinen Freund fragte: „Haben wir in Sozialkunde etwas auf?"

„Hatten wir überhaupt Sozialkunde?", war dessen Antwort.

Die Lehrerin seufzte. So viel zu ihrer Stunde. Sie hatte sie für eine beeindruckende Lektion über die Macht der Wähler gehalten.

Zehn Wege, wie Sie eine Stunde mit Erfolg beenden:

1. Achten Sie auf die Uhrzeit, und lassen Sie sich zwei oder drei Minuten Zeit für einen bewussten Stundenabschluss.
2. Bestehen Sie darauf, dass die Schüler ein paar Sekunden still über das Gelernte nachdenken. Sie behalten es dann besser.
3. Die Schüler schreiben sich in ihrem Heft ein paar Stichworte dazu auf, was sie gelernt haben.
4. Geben Sie eine mündliche Zusammenfassung der Stunde (siehe dazu das „STOP-Verfahren" weiter unten).
5. Lassen Sie die Schüler die Stunde mündlich zusammenfassen („Sag mir, worüber wir heute gesprochen haben", „Fasse bitte für mich zusammen ...").
6. Jeder Schüler soll in Gedanken eine Antwort formulieren.
7. Verbinden Sie den Abschluss mit dem Beginn der Stunde („Wir haben heute mit XY begonnen, und wir haben etwas über YZ gelernt.").
8. Sagen Sie etwas zur Bedeutung und Relevanz des Themas („Wir haben heute etwas über XY gelernt, weil es uns hilft, ...").
9. Die Schüler bilden Paare und reden darüber, was sie gerade gelernt haben.
10. Wenn Ihnen die Zeit tatsächlich einmal davongelaufen ist, dann sagen Sie wenigstens in ganz kurzen Sätzen etwas Zusammenfassendes über die Stunde. Dabei können Sie nach dem „STOP-Verfahren" vorgehen:
    S: „Der Start der Stunde war ..."
    T: „Das Thema der Stunde war ..."
    O: „Oh, was wir alles gelernt und geübt haben: ..."
    P: „Prima! Es wird uns dabei helfen ..."

27 Unterrichten Sie nach dem Prinzip der Differenzierung

... damit alle Ihre Schüler die gleichen Lernchancen haben.

Nach ihrem ersten Tag in Frau Kleins Klasse sagte die Referendarin vollkommen perplex: „Ich hatte keine Ahnung, dass Sie eine Förderklasse unterrichten. Und ich dachte auch, in solchen Klassen seien weniger Schüler."

Frau Klein lächelte. „Das ist keine besondere Gruppe", sagte sie. „Es ist eine ganz normale vierte Klasse. Heutzutage sind die Unterschiede überall so enorm groß. Aber es sind alles tolle Kinder. Und gerade ihre Unterschiedlichkeit bereichert unsere Klasse sehr."

„Was für eine bunter Haufen! Wie kann ich die je alle erreichen, wenn sie doch so verschieden sind?" Wie oft haben Sie das schon gedacht, als Sie Ihre Klasse betrachteten?

Zehn Wege, wie Sie eine sehr heterogene Klasse erfolgreich unterrichten können:

1. Lassen Sie die Schüler Aufgaben in ihrem eigenen Tempo erledigen. Das bedeutet vielleicht, einigen mehr Zeit und anderen zusätzliche Aufgaben zu geben.
2. Geben Sie Schülern Entscheidungsfreiräume bei ihren Aufgaben, etwa wo sie arbeiten wollen, ob alleine oder mit einem Mitschüler.
3. Lassen Sie leistungsstärkere Schüler Vorbilder für schwächere sein und beide zusammenarbeiten. So zeigen die einen den anderen, wie sie eine Aufgabe richtig ausführen. (Denken Sie daran, die Partner oft auszutauschen).
4. Als eine zur Differenzierung gut geeignete Methode hat sich das „schrittweise Vorführen" erwiesen. Stellen Sie Lösungswege in ihren einzelnen Etappen dar. Erklären Sie den Schülern, dass Sie zunächst die gesamte Aufgabe demonstrieren werden – z.B. das Erstellen eines Clusters. Die Schüler sollen dann selbst entscheiden, bei welchem Ihrer Arbeitsschritte sie mit einsteigen wollen. Diejenigen, die es schwierig finden, werden warten, bis Ihre Demonstration zu Ende ist. Manche werden auch sofort beginnen. Wenn Sie selbst die gesamte Aufgabe gezeigt und erklärt haben, stellen Sie Ihre Arbeit als Muster oder Vorlage in Form von Kopien zur Verfügung.

27 Unterrichten Sie nach dem Prinzip der Differenzierung

5 Eine ähnliche Methode ist das „schrittweise Gerüstbauen". Auch hier können Schüler selbstständig arbeiten, wann immer sie sich dazu bereit fühlen, oder aber für weitere Anleitung dem Lehrer folgen. Der Unterschied zum „schrittweisen Vorführen" besteht darin, dass der Lehrer beim „Gerüstbauen" nicht erst unbedingt alles zu Ende bringen muss. Er kann vielmehr seine eigene Arbeit immer wieder unterbrechen, um zwischendurch Schüler zu unterstützen, die beim selbstständigen Arbeiten Hilfe brauchen.
Ein Beispiel: Um das Schreiben des Buchstaben „B" zu lernen, erklärt der Lehrer: „Ihr legt euren Stift an der oberen Linie an (er zeigt es selbst), dann zieht ihr einen geraden Strich zur unteren Linie (auch das zeigt er). Bringt euren Stift dann wieder nach oben, und malt einen Kreis im Uhrzeigersinn zur Mittellinie (das führt er nicht selbst vor). Was denkt ihr, tun wir als Nächstes?"

6 Geben Sie viel Gelegenheit zum gemeinsamen, kooperativen Lernen. So zeigen Sie Ihre Anerkennung dafür, dass Schüler voneinander lernen.

7 Passen Sie Ihre Erwartungen unterschiedlichen Schülern an. Es kann z.B. sein, dass schwächere Schüler nur jede zweite oder dritte Frage beantworten oder dass sie nur einen Abschnitt und nicht einen ganzen Aufsatz schreiben.

8 Verwenden Sie Fragetechniken, die sich besonders an Schüler richten, die es etwas schwerer haben. Fragen Sie sie z.B. so, dass sie mit „Ja" oder „Nein" antworten können. Leistungsstärkeren Schülern in der Klasse können Sie offene Fragen stellen.

9 Besprechen und zeigen Sie verschiedene Methoden, um Fragen zu beantworten und Aufgaben zu erledigen. Auf diese Weise fühlen sich alle Schüler angenommen, egal, welches Leistungspotential sie haben.

10 Sobald Sie Anweisungen gegeben haben (siehe dazu *„Geben Sie klare Anweisungen"*, S. 84), formulieren Sie eine weitere Version für schwächere Schüler und für diejenigen, deren Muttersprache nicht Deutsch ist.

28 Fördern Sie das Lesen älterer Schüler mit Bilderbüchern

… nicht nur, um sie zum Lesen zu motivieren, sondern auch, um ihre Aufmerksamkeit zu wecken.

„Ich lese nicht", verkündete Tobias am zweiten Tag des Schuljahres.

„Natürlich liest du", sagte Herr Grimm.

„Nein! Das tue ich nicht!"

Herr Grimm schaute den schlaksigen 12-Jährigen an und seufzte. Noch ein widerwilliger Leser. Was tun?

Als Herr Grimm an diesem Abend seinem kleinen Sohn ein besonders lustiges Bilderbuch vorlas, hatte er eine Idee. Am folgenden Tag präsentierte er das Buch begeistert den Schülern seiner siebten Klasse und schlug ihnen eine Reihe interessanter Lese- und Schreibprojekte vor – alle auf der Grundlage des Buches. Er freute sich riesig, als Tobias sich das Buch nahm und durchblätterte. Schritt Eins war also schon geschafft!

Wie oft haben Sie sich schon darum bemüht, ein Buch für einen älteren Schüler (ab 10 Jahren) zu finden, das er selbstständig liest, auf das er sich tatsächlich einlässt und an dem er sogar Freude hat?

Zehn Anregungen für die Arbeit mit Bilderbüchern bei älteren Schülern:

1. Erzählen Sie Ihren Schülern, warum Sie sich selbst für Bilderbücher interessieren. Geben Sie ihnen ein paar wichtige Gründe vor, etwa „Die Bilder sind so schön bunt" oder „Man kann immer etwas Neues aus ihnen lernen".
2. Stellen Sie das Buch mit Begeisterung vor. Wie ihre Schüler das Buch aufnehmen, hängt ganz entscheidend davon ab, wie Sie es Ihnen präsentieren.
3. Zeigen Sie die besten Illustrationen des Buches, und reden Sie auch darüber. Die Schüler können so sehen, wie sie zum Verständnis des Textes beitragen.
4. Trainieren Sie das Vorlesen der Geschichte so, dass Sie währenddessen auch Ihre Schüler ansehen können. Das wird ihre Begeisterung für das Buch noch steigern.
5. Bereiten Sie Ihre Schüler entsprechend auf das Buch vor: Bevor Sie es vorlesen, erklären Sie ihnen, dass sie es gemeinsam für ein paar sehr interessante Projekte einsetzen können, obwohl es ursprünglich für jüngere Kinder gedacht war.

28 Fördern Sie das Lesen älterer Schüler mit Bilderbüchern

6 Bevor Sie mit dem Lesen beginnen, geben Sie den Schülern einen Grund, zuzuhören. Erklären Sie Ihnen, worauf Sie achten sollen. Fast alle Bilderbücher enthalten z.B. eine Lehre oder eine Moral. Ihre Schüler sollen herausfinden, welche. Fragen Sie sie außerdem nach Hinweisen auf den Charakter der Hauptperson.

7 Lesen Sie die ganze Geschichte zunächst am Stück vor, damit die Schüler „am Ball" bleiben. Danach lesen Sie sie ein zweites Mal. Diesmal unterbrechen Sie Ihren Vortrag ab und zu, um interessante Bilder zu zeigen. Lenken Sie die Aufmerksamkeit auf Details. Reden Sie z.B. über die Kunst, Bücher zu illustrieren. Fragen Sie die Schüler, wie einfach oder schwierig es wohl gewesen sein mag, dieses Buch herzustellen.

8 Unterbrechen Sie Ihren Vortrag ab und zu, um Fragen zu stellen, z.B.: „Wie denkt ihr, finden kleinen Kindern diesen Teil der Geschichte?" So machen Sie Ihren Schülern deutlich, dass Ihnen ihr Alter sehr wohl bewusst ist – obwohl sie Kinderliteratur mit ihnen lesen.

9 Lassen Sie das Buch in der Bücher- oder Leseecke des Klassenzimmers liegen, nachdem Sie es vorgelesen haben, oder bieten Sie Ihren Schülern an, es von Ihnen zu leihen.

10 Erklären Sie den Schülern, auf welche unterschiedliche Arten Leser auf das Buch reagieren können. Eine Klasse jüngerer Schüler könnte als Publikum dabei sein, wenn Ihre Schüler das Buch vortragen. (Siehe dazu *„Bilderbücher im Unterricht kreativ einsetzen"* auf S. 78.)

Bilderbücher im Unterricht kreativ einsetzen:

- Eine bewährte Methode der Literaturdidaktik ist es, Schüler bewusst literarische Stile nachahmen zu lassen. Besprechen Sie dieses Verfahren, und lassen Sie sie ein anderes Ende oder eine Fortsetzung des Buches schreiben.
- Die Schüler sollen Fragen und Antworten zum Buchinhalt formulieren. Sie sollten auch für jüngere Leser relevant sein.
- Lassen Sie Ihre Schüler die Geschichte umschreiben oder das Thema des Buches variieren. Sie können z.B. persönliche Erzählungen schreiben, die mit ihrer eigenen Familie zu tun haben, wenn es in dem Bilderbuch um die Bedeutung der Familie geht. Dabei sollten sie eine Sprache verwenden, die mehr ihrem eigenen Alter oder sogar der von Erwachsenen entspricht. Geben Sie ihnen dann auch Gelegenheit, ihre Geschichten Menschen dieser Altersgruppen vorzulesen.
- Die Schüler sollen die Bilder der Geschichte mit Worten beschreiben, sodass sie jemand, der das Buch nicht kennt, nachzeichnen könnte.
- Ihre Schüler sollen das Buch „zum Verkauf anbieten". Sie malen dazu Werbeplakate, schreiben Klappentexte und stellen andere Werbematerialien her, um bei jüngeren Kindern für das Buch zu werben. Ihre Werbemittel sollten sie dann auch tatsächlich in deren Klassenzimmern ausstellen. Finden Sie in der Nachbereitung gemeinsam heraus, wie viele der jüngeren Schüler das Buch auf Grund der Werbung tatsächlich gelesen haben.
- Lassen Sie Ihre Schüler das Buch zu einer Ballade umdichten. Aus dem Text einer Seite (oder, je nach Buch, auch mehr) können sie Verse bilden. Der Inhalt der Geschichte ändert sich dadurch nicht, es nimmt jedoch die Form eines langen, erzählenden Gedichtes an.
- Die Schüler verwandeln die Geschichte in ein Theaterstück und führen es für die jüngeren Klassen auf, etwa mit Handpuppen, Schattenfiguren oder Bildtafeln.
- Besonders wichtig ist es, auch Schülern eine Aufgabe zu geben, die nicht gerne schreiben. Lassen Sie sie ein Video oder ein Hörspiel auf der Grundlage des Buches herstellen und jüngeren Schülern vorführen.
- Geben Sie Ihren Schülern die Aufgabe, Bücher für Jugendliche mit ähnlichen Themen wie denen des Bilderbuches zu finden und zu lesen.
- Bilden Sie gemeinsam mit einem Lehrer der unteren Klassen Paare aus je einem älterem und einem jüngeren Schüler. Diese Leseteams tauschen sich gemeinsam über den Inhalt des Buches aus.

7.

Kommunizieren Sie mit Erfolg

Erfolgreiche Kommunikation – das bedeutet weit mehr, als nur zu reden. Dazu gehören auch die Signale, die Lehrer durch Blicke und durch ihr Äußeres aussenden, ihre Anweisungen und ihre Sprechweise. Tempo und Rhythmus ihrer Unterrichtsstunden gehören ebenso dazu wie ihre Art, Eltern Bericht zu erstatten und sich mit Kollegen, Praktikanten und ehrenamtlichen Helfern zu verständigen.

Achten Sie auf nonverbale Kommunikation

Wir verstehen meist nonverbale Kommunikation ganz automatisch. Sie umfasst z.B. das gesamte Verhalten von Lehrern anderen gegenüber. Schüler sind Experten darin, nonverbale Hinweise ihrer Lehrer zu entschlüsseln. Deshalb müssen Lehrer ihre nonverbale Kommunikation bewusst wahrnehmen und steuern. Sie erreichen damit größere Aufmerksamkeit bei ihren Schülern, und es gelingt ihnen, sich ihnen wirklich mitzuteilen.

Geben Sie klare Anweisungen

Denken Sie einmal darüber nach, wie oft Sie Ihren Schülern am Tag z.B. sagen, was sie tun, wohin sie gehen, welches Buch sie aufschlagen sollen. Dann überlegen Sie, wie viel Zeit Sie damit verlieren, all diese Anweisungen ein zweites oder drittes Mal zu geben. Dass Schüler nicht wissen, was zu tun ist, passiert eben manchmal, werden Sie nun einwenden. Doch wenn wir bewusst die richtigen Anweisungen geben, erledigen Schüler ihre Aufgaben gezielter, und wir verlieren weniger Zeit.

Gehen Sie sinnvoll mit Ihrer Zeit um, und finden Sie das richtige Tempo

Lebhaft und zügig unterrichten, gut aufbereitete Themen präsentieren, Wartezeiten sinnvoll nutzen und klare Anweisungen geben – all das hilft uns, unsere Schüler voll und ganz in den Unterricht mit einzubeziehen. Bei all diesen Tätigkeiten und Aufgaben können Sie als Lehrer auch ein Vorbild für gekonntes Zeitmanagement sein. Zudem zeigen Sie Ihren Schülern Respekt, wenn Sie vorbereitet zum Unterricht erscheinen. Wenn Timing, Tempo und Rhythmus Ihres Unterrichts stimmen, arbeiten Sie langfristig produktiver, und Ihre Schüler können sich besser konzentrieren.

Lesen Sie flüssig vor

Schülern etwas vorzulesen, bedeutet mehr, als sie mit Literatur in Kontakt zu bringen. Vorlesen kann Schülern zeigen, wie man Information wirkungsvoll vorträgt und die Stimme gekonnt einsetzt. Sie hören außerdem auf diese Weise Texte, die sie möglicherweise noch nicht alleine lesen können. Und: Vorlesen unterstützt die Klasse auch dabei, ein Gemeinschaftsgefühl zu entwickeln.

Kommunizieren Sie erfolgreich mit Kollegen, Praktikanten und ehrenamtlichen Helfern

Kollegen, Praktikanten und ehrenamtliche Helfer können eine enorme Hilfe für jeden Lehrer sein und seinem Unterricht noch mehr „Biss" verleihen. Das setzt allerdings voraus, dass Sie sich sehr klar und direkt mit Ihnen über Ihre Wünsche und Erwartungen austauschen können. Eine weit verbreitete Klagen unter Praktikanten und Schülern gleichermaßen ist z.B. die, nicht zu wissen, was ein Lehrer von ihnen erwartet. Klare Anweisungen an Ihre Klassen können den Zusammenhalt der Schüler stärken und tragen dazu bei, dass sie ihre Aufgaben erfolgreicher bewältigen.

Sprechen Sie offen und ehrlich mit Eltern und Erziehungsberechtigten

Nicht alle Eltern sind im Gespräch mit Lehrern für Lob und Kritik an ihrem Sprössling gleichermaßen aufnahmebereit. Doch leider gibt es nicht über jeden Schüler nur Gutes zu berichten. Wenn Sie als Lehrer auch mit solchen eher schwierigen Situationen gut umgehen können, erhalten Sie mehr Unterstützung von den Eltern. Gleichzeitig werden Ihre Schüler mehr Eigenverantwortung für ihren Lernerfolg entwickeln.

29 Achten Sie auf nonverbale Kommunikation

… im Klassen- und Lehrerzimmer, im Schulgebäude und auf dem Schulgelände.

„Ich glaube nicht, dass Frau Schenk wirklich sauer ist", bemerkte Jennifer zu Laura, als sie das Klassenzimmer verließen.
„Ich glaube, sie wollte uns nur … Du weißt schon … warnen."
„Na klar, war die sauer", antwortete Laura.
„Und wie! Die war total wütend!"
„Woher willst du das wissen?", konterte Jennifer.
„Sie hat gelächelt, als wir rausgingen."
„Hast du ihre Augen nicht gesehen?", fragte Laura. „Sie hat richtig gemein gekuckt. Ganz sicher war sie sauer."

Haben Sie sich vielleicht auch schon einmal darüber gewundert, wie sehr Körpersprache und Gesichtsausdruck eines Lehrers voneinander abweichen können?

Zehn Methoden, durch die Sie Ihre nonverbale Kommunikation verbessern können:

1. Ihre Körpersprache sollte beim alltäglichen Umgang mit anderen Offenheit signalisieren (entspannte Haltung, Arme seitlich, Hände geöffnet).
2. Treten Sie in Ihrem täglichen Unterricht lebhaft auf. Setzen Sie beim Sprechen auch Gesten wie Kopfnicken und Handbewegungen ein, und bewegen Sie sich in verschiedene Richtungen. Stehen Sie über 45 Minuten hinweg weitgehend regungslos dar, kann es passieren, dass Ihre Schüler Sie oder Ihren Unterricht langweilig finden.
3. Verleihen Sie Ihren Anweisungen Nachdruck durch eine energische Körpersprache. So wird allen deutlich, dass diese Information wichtig ist. (Halten Sie dazu Augenkontakt mit den Schülern, nehmen Sie eine aufrechte Körperhaltung ein, und heben Sie den Kopf.)
4. Drücken Sie bei Fehlverhalten und Störungen Ihre Missbilligung mit einer strengeren, formelleren Körpersprache aus. Nähern Sie sich Ihrem Gegenüber – ohne ihn zu bedrängen. Achten Sie darauf, dass Ihr Mund, Ihr Blick und Ihre Körperhaltung eine gewisse Strenge und „Unnachgiebigkeit" ausstrahlen.

29 Achten Sie auf nonverbale Kommunikation

5 Wenn Sie unter vier Augen mit einem Schüler oder einem Kollegen sprechen und dabei sitzen, lehnen Sie sich leicht nach vorne, halten Sie Augenkontakt, neigen Sie Ihren Kopf leicht zur Seite, und lassen Sie Ihre Hände offen auf Ihren Beinen ruhen (die Sie am besten nicht übereinanderschlagen).

6 Um die Aufmerksamkeit einer Gruppe zu gewinnen, sollten Sie nach Möglichkeit jeden Einzelnen zügig anschauen und Ihr Anliegen erst dann formulieren, sobald Sie Augenkontakt mit allen hergestellt haben.

7 Ton, Höhe und Lautstärke Ihrer Stimme und ihre Sprechgeschwindigkeit sollten mit Ihrer nonverbalen Kommunikation übereinstimmen. Sprechen Sie z.B. langsam und leise, wenn Sie jemanden ermutigen, aber eher schnell und in einer hohen Tonlage, wenn Sie etwas Aufregendes mitteilen.

8 Achten Sie darauf, was zwischen den Zeilen gesagt wird, indem Sie den Sprechenden genau beobachten. Warum, beispielsweise, erzählt Ihnen ein Schüler, er werde morgen die Schule schwänzen? Achten Sie auf Zeichen des Unbehagens: Zappelt Ihr Gegenüber vielleicht mit den Beinen, knetet er sich die Hände, knackt er mit den Fingern oder weicht er Ihrem Blick aus?

9 Üben Sie bewusst kleine, alltägliche Äußerungen der Körpersprache ein, z.B. Händeschütteln: Dafür stehen Sie etwa einen Meter von Ihrem Gegenüber entfernt. Ihre Haltung ist gerade, Ihr Arm im Ellbogen gebeugt. Schauen Sie den anderen freundlich an, und drücken Sie seine Hand nicht zu zaghaft, sondern mit einem Druck, der Selbstbewusstsein ausstrahlt.

10 Halten Sie sich gerade und aufrecht mit erhobenem Kopf, wenn Sie unterrichten oder etwas mitteilen. Das vermittelt Autorität und Zuversicht und wirkt auf andere vertrauensbildend. (Überprüfen Sie Ihre Haltung, wenn Sie müde oder aufgebracht sind.)

30 Geben Sie klare Anweisungen

… damit Ihre Schüler Ihre Erwartungen ganz genau kennen.

Gerade war ich damit fertig, (meiner Ansicht nach) sehr klare Anweisungen für die interessante Schreibaufgabe zu geben, als die Fragerei einsetzte: „Schreiben wir das in unser Hausheft?", „Kann ich das auch zu Hause am Computer schreiben?", „Wie viele Wörter sollen es überhaupt werden?", „Bekommen wir dafür Noten?", „Was sollen wir eigentlich tun? Ich hab's vergessen." Ich seufzte, und mir wurde klar, dass meine Anweisungen längst nicht so deutlich gewesen waren, wie ich gedacht hatte.

„Was sollen wir eigentlich machen?" Wie oft pro Tag hören Sie diese Frage von Ihren Schülern?

Zehn Tipps, wie Sie Arbeitsaufträge klar und unmissverständlich formulieren:

1. Überprüfen Sie, ob Ihnen selbst Ihre Anweisungen ganz klar sind (geben Sie Ihre eigenen Anweisungen mündlich an sich selbst oder schreiben Sie sie in Ihr Konzept).
2. Formulieren Sie die Anweisungen einfach, knapp und präzise.
3. Teilen Sie sie in kleine Schritte auf.
4. Erteilen Sie Ihre Arbeitsaufträge auf verschiedene Arten. Schreiben Sie sie auf ein Flipchart, auf eine Overheadfolie oder an die Tafel, und geben Sie sie auch mündlich. Schon das Aufschreiben einer Seitenzahl gibt sichtbare Klarheit.
5. Nennen Sie die Aufgabe, und erklären Sie Ihren Schülern dann auch noch genau, was Sie tun sollen, wenn Sie die Aufgabe fertig gestellt haben. Geben Sie an, wie lange das Bearbeiten der Aufgabe dauern soll.
6. Erklären Sie, welche Konsequenz es haben wird, wenn die Aufgabe nicht in der vorgesehenen Zeit beendet wird.
7. Nachdem Sie die Aufgabe genannt haben, soll jeder Schüler die Anweisungen wiederholen, indem er seinen Nachbarn folgende Fragen stellt:
   - „Womit fängst Du an?"
   - „Was kommt als Nächstes?"
   - „Was ist Deine Aufgabe, sobald Du fertig bist?"
   - „Was passiert, wenn Du nicht fertig wirst?"

30 Geben Sie klare Anweisungen

8 Wenden Sie sich leistungs- oder konzentrationsschwachen Schülern besonders zu, und verdeutlichen Sie die Anweisungen noch einmal, sobald die anderen mit der Arbeit begonnen haben.

9 Wenn nötig, lassen Sie die Schüler „Startpaare" bilden. Deren Aufgabe besteht darin, darauf zu achten, dass der jeweils andere auf dem richtigen Weg ist.

10 Bringen Sie Ihren Schülern bei, dass sie keine Fragen mehr zu den Anweisungen stellen dürfen, sobald Sie sie erklärt haben und sicher sind, dass alle sie auch verstanden haben. So nehmen Sie Ihre Schüler in die Pflicht, genau zuzuhören.

Beispiel für einen richtig formulierten Arbeitsauftrag *(mündlich)*:

„Ihr werdet nun einen Bericht in eure Hefte schreiben. Ihr müsst dazu eure Stifte und Hefte herausnehmen und auch eure Notizen zu dem Experiment, das wir gestern durchgeführt haben. Ihr habt anschließend 20 Minuten Zeit, um den Bericht zu schreiben. Wenn ihr fertig seid, legt eure Hefte in die Kiste für fertige Arbeiten und lest leise den Rest von Kapitel 3 im Buch. Der Text beginnt auf Seite 72. Markus, wiederhole bitte noch einmal, was ihr als Erstes macht …"

Beispiel für einen richtig formulierten Arbeitsauftrag *(schriftlich)*:

1. Was? ⇨ Biologieheft, Stifte, Notizen zum Labor

2. Wie lange? ⇨ 20 Minuten

3. Fertig? ⇨ Hefte abgeben, Kapitel 3 im Buch (S. 72) zu Ende lesen

31 Gehen Sie sinnvoll mit Ihrer Zeit um

… beim Unterrichten, Anleiten und Verteilen von Aufgaben.

Die Nachricht einer Mutter:

„Sehr geehrter Herr Keil

Danke dafür, dass Sie mich dazu bringen, jeden Tag an meiner Pünktlichkeit zu arbeiten. Bevor mein Sohn Sebastian in Ihre Klasse kam, ist es mir immer schwer gefallen, aufzustehen und mich für die Arbeit fertigzumachen. Er hat mir erzählt, Sie seien ‚supergenau', wenn es um Pünktlichkeit geht. Auf gar keinen Fall will er zu spät in Ihre Stunde kommen, weil er Angst hat, etwas zu verpassen. Deshalb komme ich nun nicht mehr zu spät zur Arbeit – Sebastian bringt mich dazu, aufzustehen."

Zehn Methoden, wie Sie Ihre Zeit effektiv einteilen können:

1. Planen Sie immer gut. Improvisation führt normalerweise zu einer chaotischen Organisation. Am Ende reicht die Zeit dann nicht, um fertig zu werden, oder aber es ist zu viel Zeit übrig.
2. Seien Sie in der Klasse, bevor es läutet.
3. Sprechen Sie lebhaft und flott. Langsames, monotones Reden schläfert Schüler ein.
4. Sie kennen sicher die Momente, in denen Sie darauf warten müssen, dass Ihre Schüler ruhig und aufmerksam werden. Nutzen Sie diese Augenblicke effektiv: Bevor Sie beginnen, geben Sie einen Hinweis oder ein Zeichen, um zu zeigen, dass Sie warten. Dann halten Sie einige Sekunden inne, bis alle Augen auf Sie gerichtet sind.
5. Wenden Sie Ihren Schülern nicht den Rücken zu, besonders dann nicht, wenn Sie zu ihnen sprechen. Schreiben Sie z.B. Anweisungen an die Tafel, bevor die Schüler hereinkommen oder während sie mit etwas beschäftigt sind.
6. Bewegen Sie sich im Raum, während Sie reden. Das hilft der Klasse dabei, ein gewisses Tempo aufrechtzuerhalten. Stellen Sie sich nach Möglichkeit einmal am Tag neben jeden Schüler.
7. Seien Sie ein Vorbild für Pünktlichkeit. Beginnen und beenden Sie eine Stunde immer genau zur vorgesehenen Zeit, und schließen Sie die Stunde klar und deutlich ab (siehe dazu *„Schließen Sie jede Stunde erfolgreich ab"*, S. 73).
8. Bestehen Sie darauf, Hausaufgaben oder andere Aufträge pünktlich zu erhalten, und geben Sie sie auch nach kurzer Zeit zurück. Auf diese Weise sind Sie selbst ein Beispiel für den effektiven Umgang mit Zeit.
9. Geben Sie Ihren Schülern in langen oder schwierigen Stunden kurze Pausen, damit sie sich anschließend wieder besser konzentrieren können.
10. Geben Sie gezielt Zeit zum Denken und Abwarten, wenn Sie neue oder anspruchsvolle Unterlagen verteilen oder gerade eine Frage gestellt haben.

Was tun, wenn Schüler ihre Aufgaben zu spät abgeben?

Wichtig ist, dass Sie die Maßnahmen glaubwürdig vermitteln und möglichst verlässlich einhalten. Im Folgenden einige Vorschläge:

- Der Schüler erledigt in der Pause oder nach der Schule die verspätete Aufgabe und noch eine weitere, die etwas mit der ersten zu tun hat. Hat er z.B. einen Aufsatz zu spät abgegeben, dann verfasst er zusätzlich noch einen Abriss oder einen kurzen Text zu einem anderen Thema.
- Die Schüler übernehmen schulinterne Arbeiten, die inhaltlich möglichst viel mit den verspäteten Aufgaben zu tun haben. Ein Beispiel: Geht es um eine verspätete Mathematikaufgabe, dann assistiert der Schüler dem Lehrer nach der Schule bei der Buchhaltung oder bei einer Abrechnung.
- Schüler informieren ihre Eltern oder Erziehungsberechtigten selbst über das Problem.
- Eine sinnvolle Maßnahme kann auch ein Tagebuch sein, in dem die Schüler ihre persönliche Zeiteinteilung dokumentieren. Dazu gehört auch ein „Hausaufgabenplan", der z.B. genau beschreibt, wie viel Zeit sie täglich mit den Hausaufgaben zubringen und wo sie sie machen.
- Die Schüler melden sich beim Beratungslehrer, um mit ihm über die Gründe für die verspätete Abgabe zu sprechen.
- Die Schüler schreiben einen Aufsatz über Unpünktlichkeit und ihre Folgen. Welche Folgen hat es z.B., wenn ein Chirurg zu spät zu einer Operation kommt? Was, wenn der für das Aufschließen der Schule verantwortliche Lehrer morgens zu spät erscheint?
- Die Schüler erklären schriftlich, warum sie die Aufgabe zu spät abgegeben haben. Welche Schwierigkeiten oder Probleme haben zu der Verspätung geführt? Und welche Ideen und Vorschläge haben sie dafür, wie sie ihre Arbeit in Zukunft pünktlich erledigen können?
- Verspätete Aufgaben führen oft dazu, dass Sie als Lehrer mehr oder länger arbeiten müssen. Die Schüler überlegen sich also einen passenden Ausgleich dafür. Das kann z.B. bedeuten, Ihnen Hilfe bei einer bestimmten Aufgabe nach der Schule anzubieten – etwa beim Aufräumen der Biologiesammlung – sodass Sie Zeit für die Benotung der verspäteten Aufgabe gewinnen.

32 Lesen Sie flüssig vor

... jeden Tag und Schülern aller Altersgruppen.

Notiz eines früheren Schülers:

„Liebe Frau Paterson,
ich möchte Ihnen gerne mitteilen, dass ich jetzt im Krankenhaus arbeite, genau, wie Sie es vorgeschlagen hatten. Und es gefällt mir sehr. Aber vor allem wollte ich Ihnen schreiben, dass ich mich noch an so vieles aus meiner Zeit in Ihrer Klasse erinnere, ganz besonders an die Bücher und Geschichten, die Sie uns vorgelesen haben. Sie wissen, ich war damals nicht gut im Lesen (jetzt bin ich besser). Jeden Morgen konnte ich Ihr Vorlesen kaum erwarten. Das war oft das Schönste am ganzen Schultag. Danke.
Ihr ehemaliger Schüler der siebten Klasse,

Mark"

Haben Sie sich je gefragt, ob Ihre Schüler Ihnen wirklich zuhören, wenn Sie ihnen etwas vorlesen? Und glauben Sie selbst, dass es angenehm ist, Ihnen zuzuhören?

Zehn Tipps für flüssiges Vorlesen:

1. Legen Sie Begeisterung in Ihre Stimme, um die Motivation der Schüler zum Zuhören zu steigern, und erklären Sie ihnen den Sinn der Lesestunde. Wenn sie dem puren Vergnügen dient, sagen Sie das auch. Stellen Sie dann aber bitte auch keine Fragen, und erwarten Sie auch keine Antworten.
2. Ihre Schüler werden das Vorlesen eher annehmen, wenn Sie sie aus mehreren Büchern oder Geschichten auswählen lassen.
3. Lesen Sie Ihrem Partner, einem Freund oder einem Kollegen laut vor. Bitten Sie um konstruktive Kritik, und verändern Sie Ihr Lesen auch dementsprechend. Alternativ können Sie Ihre Stimme auch beim Lesen aufnehmen. Hören Sie sich die Aufnahme dann aufmerksam und kritisch an, und fragen Sie sich, wie Sie Ihre Leseweise verbessern können.
4. Folgen Sie dem Text beim Lesen mit dem Finger. Auf diese Weise können Sie zwischendurch aufschauen, Blickkontakt mit Ihren Schülern suchen und gleichzeitig die Textstelle behalten.
5. Sprechen Sie deutlich, und variieren Sie Ihre Aussprache, Tonhöhe und Lautstärke entsprechend der Geschichte. Lesen Sie nie monoton oder wie ein Roboter. Flüstern Sie beispielsweise, und lassen Sie dann, wenn die Spannung steigt, Ihre Stimme laut werden.

32 Lesen Sie flüssig vor

6 Halten Sie das Interesse der Schüler und Jugendlichen aufrecht, indem Sie kreativ mit Zeit und Tempo umgehen. Lesen Sie manche Teile langsam, andere schnell. Wenn das Interesse erlahmt, hören Sie vorzeitig mit dem Lesen auf. Ist das Interesse groß, lesen Sie etwas länger.

7 Betonen Sie bestimmte Momente durch nonverbale Kommunikation – durch Gesten, Körperhaltung oder Gesichtsausdruck.

8 Beziehen Sie Fantasie- oder Bilderreisen mit in das Lesen ein. Halten Sie inne, und bitten Sie die Schüler, sich in die Geschichte hineinzuversetzen, während Sie lesen. Oder Sie leiten sie am Ende der Lesestunde durch ein paar Stationen, die auf der Geschichte basieren und über sie hinausgehen.

9 Pausieren Sie an passenden Stellen, und erzählen Sie von Ihren eigenen Gefühlen („An dieser Stelle bekam ich selbst auf einmal Angst.").

10 Auch wenn sich die Schüler vorher schlecht benommen haben sollten: Lesen Sie ihnen trotzdem vor.

33 Arbeiten Sie erfolgreich mit Helfern

... egal, ob sie regelmäßig oder nur vorübergehend bei Ihnen sind.

Es bringt Helfer (Ehrenamtliche, Referendare, Eltern) auf die Palme, wenn
... Sie als Lehrer nicht ehrlich mit ihnen reden.
... sie nicht verstehen, was Sie von ihnen wollen und was sie tun sollen.
... Sie sie nicht in ihren Entscheidungen unterstützen.
... Sie sie nie für Gelungenes loben, aber auf jeden Fall für Fehler tadeln.
... Sie dauernd Ihre Meinung ändern, es Ihre Helfer aber nicht wissen lassen.

Zehn Ideen für den konstruktiven Umgang mit Kollegen, Praktikanten, Referendaren und ehrenamtlichen Helfern:

1. Machen Sie sich möglichst vor der Ankunft Ihres Helfers mit seinen Qualifikationen, Erfahrungen, Vorlieben und Abneigungen vertraut. Wenn nötig, befragen Sie sie dazu.
2. Nehmen Sie sich ein paar Minuten Zeit, um Ihrem Helfer Ihre Erwartungen zu erläutern. Geben Sie ihm eine Übersicht auf Papier – eine Liste oder eine Beschreibung dessen, was Sie von ihm möchten. Geben Sie ihm klare Anweisungen, genau wie Ihren Schülern (siehe dazu „*Geben Sie klare Anweisungen*", S. 84)
3. Seien Sie höflich, und zeigen Sie ihnen Ihren Respekt und Ihre Wertschätzung.
4. Bitten Sie Ihre Helfer zusätzlich auch einmal um eine Aufgabe, deren Ausführung auch Spaß macht bzw. interessant ist.
5. Überlegen Sie sorgfältig, welche Schüler Sie mit welchen Helfern zusammenbringen. Passen die Persönlichkeiten zusammen? Helfer sollten auch nicht ausschließlich mit schwierigen oder mit besonders föderbedürftigen Schülern arbeiten. Erklären Sie ihnen die Gründe für Ihre Auswahl.
6. Lassen Sie Helfer nie mit der Klasse alleine.
7. Unterstützen Sie Ihre Helfer in schwierigen Situationen. Erklären Sie ihnen Ihre Haltung zu Fragen des Verhaltens und der Disziplin und auch, was genau Sie in dieser Hinsicht in bestimmten Situationen tun.
8. Sie sind für Ihre Helfer (wie natürlich auch für Ihre Schüler) das Vorbild, wenn es darum geht, mit der Klasse oder mit einzelnen Schülern zu sprechen. Ihre Helfer werden sich danach richten, wie Sie sich verhalten und reagieren. Dessen sollten Sie sich bewusst sein.
9. Erlauben Sie Ihren Helfern genauso viele Pausen, wie sich selbst. Sprechen Sie mit ihnen über Pausen, und lassen Sie sie möglichst selbst die Zeiten dafür bestimmen.
10. Bevor ein Helfer wieder geht: Zeigen Sie ihm ausdrücklich Ihre Wertschätzung, indem Sie gezielt ansprechen, was er zu Ihrem Wohl und zu dem Ihrer Klasse getan hat („Mir hat gefallen, auf welche Weise du XY helfen konntest. Er hätte dieses Projekt nie ohne deine Hilfe zu Ende gebracht.")

34 Sprechen Sie offen mit Eltern und Erziehungsberechtigten

… das ganze Jahr über und vor allem vor den Zeugnissen.

Eine neue Lehrerin stand in ihren ersten Elterngesprächen vor der ultimativen Herausforderung: Ein Vater – selbst der Leiter einer anderen Schule – machte ihr auf unfaire Weise Vorwürfe und brachte sie so in eine sehr unangenehme Situation. Die Lehrerin fühlte sich in die Ecke gedrängt und war schließlich soweit, sich unnötigerweise zu rechtfertigen. Letztendlich entschuldigte sie sich für fast alles. Sie ging mit dem Gefühl aus dem Gespräch, ihren Beruf hier und jetzt an den Nagel hängen zu müssen. Glücklicherweise hinderte eine einfühlsame Kollegin sie daran.

Graut es Ihnen häufig vor Gesprächen mit Eltern? Finden Sie es schwer, einen guten Weg zu finden, mit Eltern oder Erziehungsberechtigten über die Probleme eines Schüler zu reden? Oder haben Sie Schwierigkeiten dabei, etwas Positives über diesen Schüler zu sagen – und das auch wirklich ernst zu meinen?

Zehn Vorschläge für offene und konstruktive Gespräche mit Eltern und Erziehungsberechtigten:

1. Wenn es sich um geplante Treffen handelt: Seien Sie gut vorbereitet, sodass Sie wissen, was Sie sagen wollen und auf welche Weise Sie es ausdrücken wollen.
2. Finden Sie einen ruhigen Ort für das Gespräch, an dem sie niemand stören oder unterbrechen wird.
3. Sprechen Sie klar und präzise, halten Sie Augenkontakt, und hören Sie den Eltern aktiv zu. Seien Sie wachsam für Körpersprache – sowohl für Ihre eigene als auch für die der Eltern. Achten Sie auf Hinweise, ob Sie das Gespräch schon abschließen oder noch verlängern sollten.
4. Beginnen Sie das Gespräch immer mit dem Versuch, den Eltern ein Gefühl der Ungezwungenheit zu geben. Lächeln Sie, blicken Sie ihnen in die Augen, bieten Sie die Hand zum Gruß, und sprechen Sie sie mit ihren Namen an.

34 Sprechen Sie offen mit Eltern und Erziehungsberechtigten

5 Bitten Sie die Eltern zunächst, Ihnen ihre Fragen oder Anliegen mitzuteilen. Erst dann sollten Sie die Bereiche ansprechen, die Sie selbst problematisch finden. Wenn die Anliegen der Eltern Ihren eigenen ähnlich sind, dann bauen Sie auf das auf, was die Eltern gesagt haben: Geben Sie es in Ihren eigenen Worten wieder, und stimmen Sie dann den Eltern zu.

6 Wenn die Eltern andere Bedenken haben als Sie selbst, dann bestätigen Sie sie darin, geben Sie Ihnen eine Rückmeldung, und sprechen Sie darüber. Erst danach sollten Sie eines Ihrer eigenen Themen nennen. Mit Ihrer Akzeptanz bestätigen Sie die Eltern in ihren Gefühlen („Ich verstehe Ihre Sorge ...").

7 Bevor Sie einen problematischen Aspekt ansprechen, weisen Sie auf eine Stärke des Schülers oder auf einen Bereich hin, in dem er sich verbessert hat. Zeigen Sie den Eltern Beispiele für Fortschritte oder erzählen Sie ihnen von konkreten Veränderungen seines Verhaltens.

8 Sprechen Sie nicht mehr als zwei wichtige Themen in einem Gespräch an. Sollte es viele Schwierigkeiten geben, entscheiden Sie sich für die wichtigsten. Wenn Sie die Eltern „überrennen" oder überfordern, ist dem Schüler damit nicht geholfen. Geben Sie spezifische Beispiele, um Ihre Anliegen zu verdeutlichen.

9 Geben Sie den Eltern neue Anregungen oder nennen Sie ihnen Ideen, mit deren Hilfe die Situation des Schülers sich verbessern kann. Sie haben die professionelle Erfahrung und sind der Experte – die Eltern erwarten also von Ihnen Anleitung und Rat.

10 Bringen Sie das Gespräch zum Abschluss, indem Sie es noch einmal zusammenfassen und die positiven Ergebnisse daraus erwähnen. Sprechen Sie Ihre geplante Vorgehensweise noch einmal gemeinsam durch, wenn sie Inhalt der Besprechung war. Und: Danken Sie den Eltern für ihr Kommen.

8.

Klassenzimmer-Management

Das Wort „Klasse“ umfasst zweierlei: die Schüler, die die Klassengemeinschaft bilden, und den Raum, der ihre „Basisstation“, ihr Zuhause in der Schule ist. Beide, die Schüler wie auch der Raum mit all seinen Gegebenheiten, brauchen die Lenkung und Organisation des Lehrers.

Jeder Lehrer möchte seinen Klassenraum und seinen Unterricht darin sinnvoll organisieren. Wenn das gelingt, haben Schüler das Gefühl, der Raum sei ihr eigener und sie können stolz auf ihn sein. Schüler und Jugendliche können auch besser lernen, wenn der Raum und die Stimmung darin eine gewisse Ruhe und Ordnung vermitteln. Nimmt erst einmal das Chaos seinen Lauf, wird der Lernerfolg aller behindert. Den Unterricht erfolgreich managen – diese Herausforderung stellt sich uns Lehrern jeden Tag.

In diesem Kapitel geht es deshalb um Maßnahmen, mit Hilfe derer Sie den Problemen rund um die Klasse und das Klassenzimmer aktiv und vorausschauend begegnen können – z.B. dem „Umzug“ der Schüler von einer Mathematikstunde in die Turnhalle. Sie werden darin auch Ideen dafür finden, wie Sie auf Probleme im Klassenzimmer sinnvoll reagieren können oder wie Sie dazu beitragen können, dass Konflikte zwischen Schülern nicht eskalieren.

Steuern Sie Ihre Schüler maßvoll und vorausschauend

Wenn Lehrer sich unauffällig vom kontrollierenden Unterrichten zum maßvollen, vorausschauenden Einschreiten und wieder zurück bewegen, bleiben ihre Schüler eher bei der Sache. Und: Als Lehrer ersparen Sie es sich, zu rigideren Mitteln greifen zu müssen.

Gestalten Sie Stundenübergänge reibungslos

Lehrer verbringen täglich viel Zeit mit Übergängen und Wechseln – von einem Thema, Raum oder Buch zum nächsten. Sie kennen deshalb auch das Risiko der Unruhe, Störungen und des entgleisenden Verhaltens in diesen Momenten. Dass es hilft, sie vorausschauend zu planen, ist ihnen sehr wohl klar – aber gerade das geht im Gedränge der täglichen Aufgaben oft verloren. Vorausschauend geplante Übergänge ohne allzu viele Reibungsverluste sorgen dafür, dass allen mehr Zeit für ihre eigentlichen Aufgaben bleibt und dass Ruhe in der Klasse herrscht. Außerdem lassen sie ein Gefühl der Eigendynamik von Unterricht entstehen.

Helfen Sie Nachzüglern

Es gibt sie in jeder Klasse: Schüler, die immer hinterherhinken und große Mühe damit haben, mit dem Tempo der anderen mitzuhalten. Ignorieren oder – schlimmer noch – tadeln wir sie für ihre „Bummelei", wächst das Risiko gewaltig, dass sie den Unterricht stören. Helfen wir ihnen, werden wir mit mehr Lernerfolgen von Seiten der Schüler, einem besseren Zusammenhalt der Klasse und größerer persönlicher Zufriedenheit selbst belohnt.

Entschärfen Sie Konflikte und Machtkämpfe

Wenn es Ihnen als Lehrer gelingt, Konfliktsituationen erfolgreich aufzulösen, werden Sie innerlich ruhiger. Ihre Schüler bringt es dazu, die Verantwortung für ihr Handeln selbst zu übernehmen.

So bilden Sie erfolgreich Gruppen

Als Lehrer kennen Sie die Probleme, die auftreten, wenn es darum geht, die Schüler für Gruppenarbeiten einzuteilen. In diesem Kapitel erfahren Sie, wie Sie auf Sätze wie „Ich will nicht mit XY zusammenarbeiten!" reagieren können und wie Sie erfolgreiche Gruppenarbeit organisieren.

35 Steuern Sie Ihre Schüler maßvoll und vorausschauend

... und stärken Sie damit ihre Konzentration und Leistungsfähigkeit.

„Ich mag Frau Zieran. Sie brüllt nie", verkündete die Siebtklässlerin.
„Du hast's gut. Frau Turba brüllt dauernd", beklagte sich ihre Freundin.
„Und, hilft es? Seid Ihr dann auch ruhig?"
„Hm, ich glaube, Frau Zieran bekommt es besser hin, dass die Klasse sich gut benimmt und überhaupt gut mitmacht und so."
„Das glaube ich auch. Wäre toll, wenn ich auch mal Frau Zieran hätte."

Zehn Methoden, wie Sie bei Konflikten maßvoll und vorausschauend steuern und eingreifen:

1. Probieren Sie die „Alle-reden-jetzt-eine-Minute"-Methode aus: Wenn Schüler unruhig sind und durcheinander plappern, geben Sie ihnen eine Minute, in der sie reden *müssen*. Die Chance, dass sie anschließend ruhig sind, ist dann viel größer.
2. Setzen Sie Ihre physische Präsenz ein. Gehen Sie zu einem Schüler, der nicht bei der Sache ist, hin, ohne ihn laut beim Namen zu nennen oder in Verlegenheit zu bringen.
3. Stellen Sie eine Beziehung zu „schwierigen" oder unwilligen Schülern her. Lernen Sie sie kennen, sowohl persönlich als auch in ihrem Lernverhalten.
4. Gehen Sie im Raum auf und ab, wenn Ihre Schüler arbeiten. Geben Sie nicht der Versuchung nach, hinter Ihrem Tisch zu sitzen und Hefte zu korrigieren.
5. Geben Sie nonverbale Hinweise, wenn ein oder zwei Schüler abgelenkt oder nicht bei ihrer Aufgabe sind. Runzeln Sie z.B. die Stirn oder verschränken Sie die Arme.
6. Seien Sie aufmerksam – dann können Sie Fehlverhalten oft voraussehen.
7. Verwenden Sie „Ich-Botschaften", wenn Sie Ihre Erwartungen aussprechen: „Ich brauche ...", „Ich möchte ...", „Ich erwarte ..."
8. Formulieren Sie Ihre Erwartungen positiv. („Wir werden nur leise sprechen, wenn wir diese Aufgabe erledigen." – Im Unterschied zu: „Keiner wird laut reden.")
9. Erklären Sie Ihren Schülern, wie ihr störendes Verhalten auf Sie selbst wirkt oder welche Gefühle es bei Ihnen hervorruft. („Wenn ihr das tut, kann ich mit dem Unterricht nicht fortfahren. Es regt mich auf, wenn ihr ..., weil ich euch bis zur Klassenarbeit noch ... beibringen muss.")
10. Probieren Sie die „Bis-hierhin-und-nicht-weiter"-Methode aus: Legen Sie ein eindeutiges nonverbales Zeichen dafür fest, dass Ihre Schüler Sie an einen Punkt gebracht haben, von dem aus Sie keinen Schritt mehr weiter können. Verwenden Sie dieses Zeichen immer dann, wenn es wieder einmal so weit ist.

36 Gestalten Sie Übergänge reibungslos

… sowohl bei einem Themen- wie auch bei einem Ortswechsel.

Frau Richard tippte an ihr Glöckchen. Innerhalb von Sekunden hörten die Schüler mit dem auf, was sie gerade taten. Alle Blicke richteten sich auf die Lehrerin. „Danke", sagte sie ruhig. „Es ist Zeit für einen Kreis. Euer Rekord liegt bei 30 Sekunden. Glaubt Ihr, Ihr könnt ihn heute überbieten?"
Die Schüler nickten eifrig und murmelten zustimmend, aber keiner rührte sich.

Frau Richard tippte ein zweites mal an das Glöckchen. Plötzlich bewegte sich die ganz Klasse wie eine geschlossene Einheit. Jeder Schüler schob einen Tisch an den Rand des Raumes, sodass in der Mitte freier Platz entstand. Dort setzten sich dann alle schnell und leise in einen Kreis.
„Toll!", rief Frau Richard und applaudierte.
„28 Sekunden. Ein neuer Rekord!"

Hatten Sie schon einmal den Eindruck, die Stunde laufe wunderbar – bis zu dem Moment, als Sie Ihre Klasse aufforderten, ein Buch einzupacken und dafür ein anderes herauszuholen?

Zehn Methoden, wie Sie reibungslose Übergänge herstellen können:

1. Halten Sie alle Übergänge so kurz wie möglich, und planen Sie sie im Voraus, sodass Sie für sich selbst genau wissen, was die Schüler tun sollen.
2. Alle Materialien sollten vor Beginn des Unterrichts fertig und an Ort und Stelle sein.
3. Legen Sie Regeln für das Betreten und Verlassen des Klassenraumes und für den Unterrichtsbeginn fest – und sorgen Sie auch für deren Einhaltung. Üben Sie mit den Schülern, auf ein „Bewegungssignal" (Glocke, Gong etc.) zu reagieren.
4. Auch für Routineaufgaben, wie etwa das Überprüfen der Anwesenheit, sollten Sie Regeln etablieren und durchsetzen.
5. Planen Sie immer ein paar Reservematerialien ein, mit denen Sie überschüssige Zeit sinnvoll ausfüllen können.
6. Richten Sie den Klassenraum so ein, dass die Schüler sich gut bewegen und Tische und Ausstattung problemlos umgestellt werden können.
7. Erstellen Sie täglich einen Stundenplan, der für alle einsehbar ist, und gehen Sie ihn mit Ihren Schülern durch.

36 Gestalten Sie Übergänge reibungslos

8 Klären Sie alle Anweisungen, und bringen Sie sie wirklich zu Ende, bevor Sie den Schülern das Startzeichen geben („Bleibt an Eurem Platz, bis …").

9 Geben Sie nur eine bestimmte Zeit für den Wechsel, und halten Sie sich daran. Schüler mögen es, dabei angespornt zu werden.

10 Planen Sie immer im Voraus, was geschehen soll, sobald die Schüler eine Aufgabe beendet haben („Wenn Ihr fertig seid, lest Ihr …").

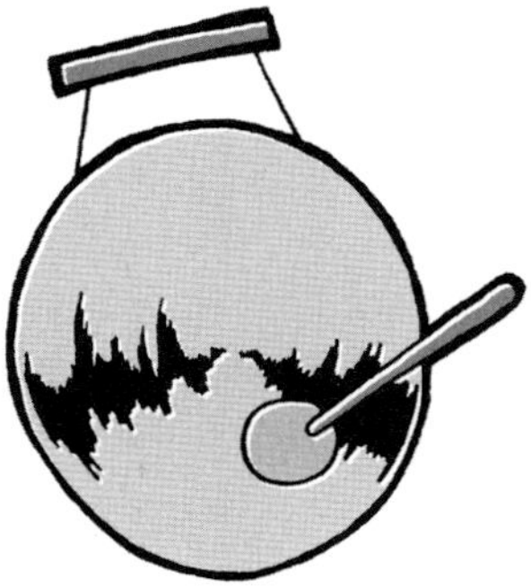

Die 5 Prinzipien für reibungslose Übergänge in der Klasse:

- **Einfache Anweisungen geben**
- **Genaue Anweisungen geben**
- **Einheitliche Anweisungen geben**
- **Abläufe organisieren**
- **Richtiges Verhalten loben**

37 Helfen Sie Nachzüglern

… und unterstützen Sie sie dabei „aufzuholen".

„Du hast mit deinem Aufsatz noch nicht mal angefangen", sagte Frau Harms leise zu Felix. „Was ist los?"

„Ich schreibe das nicht", seine Antwort kam aus tiefster Überzeugung.

„Das kommt gar nicht in Frage", sagte Frau Harms sachlich. „Lass uns darüber reden. Wie viel kannst du denn schreiben?"

„Den ersten Satz."

Frau Harms schien darüber nachzudenken. Dann sagte sie: „Nein, das ist nicht genug. Ich möchte mehr von dir. Wie wär's mit den ersten zwei Absätzen?"

„Auf keinen Fall", murrte Felix. Dann aber ließ er sich doch auf das ‚Spiel' ein. „Wie wär's mit einem Absatz?"

„Mit einem guten Absatz?", fragte Frau Harms.

Felix nickte. Sie gaben sich die Hände, und Felix begann mit dem Schreiben seines Absatzes.

Wie oft haben Sie sich schon gedacht: „Ohne die Schüler X und Y wäre die Klasse perfekt"?

Zehn Methoden, durch die Sie leistungs- bzw. konzentrationsschwache Schüler fördern können:

1. Lüften Sie das Geheimnis. Versuchen Sie herauszufinden, warum der Schüler im Rückstand ist: Fehlt ihm das Vertrauen in seine Leistung? Hat er im Unterricht gefehlt, als Sie Methoden oder Fertigkeiten vermittelt haben? Ist er körperlich müde? Wenn Sie die Ursachen kennen, handeln Sie dementsprechend.
2. Überdenken Sie Ihre Anforderungen an diesen speziellen Schüler. Muss er tatsächlich 20 Fragen beantworten, oder reichen nicht auch zehn? Wägen Sie ab, welche Leistungen Sie mindestens von ihm erwarten oder was für seinen Lernerfolg wirklich notwendig ist. Fordern Sie auch nur das von ihm.
3. Bestärken und loben Sie ihn für seine Teilleistungen, also für das, was er „teilweise vollenden" konnte. Besprechen Sie mit ihm, was er fertiggestellt und was er nicht beendet hat.

37 Helfen Sie Nachzüglern

4 Erstellen Sie eine Liste aller Bereiche oder Aufgaben, in denen der Schüler im Rückstand ist. Geben Sie dabei den wichtigsten Themen den Vorrang. Besprechen Sie diese Liste mit ihm, und überlegen Sie dann gemeinsam, ob es nicht sinnvoll wäre, „reinen Tisch" zu machen und ganz von vorn zu beginnen. (Manchmal ist es so deprimierend, hinterherzuhinken, dass es für den Einzelnen unmöglich wird, aufzuholen.) Eine Alternative könnte sein, den Schüler nur ein oder zwei wichtige Aufgaben fertig stellen zu lassen.

5 Bieten Sie ihm Förderunterricht an, individuell oder in kleinen Gruppen. Er sollte wöchentlich immer zur gleichen Zeit und am gleichen Ort stattfinden.

6 Bieten Sie einen Kompromiss an. Sagen Sie deutlich, was Sie erwarten, und fragen Sie den Schüler, wie viel er selbst tun will oder kann. Einigen Sie sich dann auf eine Aufgabe, bei der sie sich „in der Mitte" treffen. Steigern Sie Ihre Erwartungen jedes Mal ein wenig.

7 Setzen Sie den Nachzügler in die Nähe eines schnelleren Schülers. Die beiden sollen sich gegenseitig helfen.

8 Überlegen Sie, ob es Sinn macht, dem Nachzügler einen älteren Schüler zur Seite zu stellen. Beide sollten sich täglich einige Minuten treffen. Dabei sollte der Ältere dem jüngeren Schüler dabei helfen, sich und seine Aufgaben zu organisieren und durchzuführen.

9 Sobald Sie Arbeitsaufträge gegeben haben, gehen Sie zu dem langsamen Schüler, und geben Sie ihm eine Extra-Starthilfe. Motivieren Sie ihn, indem Sie ihm erklären, dass er die Aufgaben – wenn er auf diese und jene Weise vorgeht – gut schaffen wird. Überprüfen Sie, ob er die Anweisung verstanden hat und auch, ob er über alle notwendigen Materialien verfügt.

10 Halten Sie seine Eltern über Ihre Bemühungen auf dem Laufenden. Belasten Sie sie aber nicht mit Informationen über zu viele Bereiche, in denen er im Rückstand ist. Das ist Ihr Problem – nicht das der Eltern.

38 Entschärfen Sie Konflikte

…. oder andere potentiell kritische Situationen in der Klasse.

Auf einmal war der Konflikt da – Lehrerin und Schülerin waren in einen „Wettstreit" getreten: Wer konnte lauter schreien und behielt das letzte Wort? Je lauter und schärfer Frau Schwarz Kathrin zurechtwies, desto lauter schrie die Schülerin zurück. Schließlich hatte Kathrin ihren Tisch umgeworfen und war aus dem Raum gestürmt, Frau Schwarz auf ihren Fersen.

Als endlich der Schulleiter und mehrere Kollegen auftauchten, hatte Kathrin vor Wut ein Fenster eingeschlagen und einen Pflanzenkübel umgetreten. Frau Schwarz fühlte sich entsetzlich. Ihr war klar: Sie hätte anders handeln müssen. Nur – wie?

Zehn Methoden zur Entschärfung von Konflikten:

1. Wenn der Schüler noch etwas Kontrolle über sich hat, geben Sie ihm Stifte und Papier, und schlagen Sie ihm vor aufzuschreiben oder zu malen, wie er sich fühlt. Wenn er will, kann er das Papier anschließend zerreißen.
2. Lassen Sie den Schüler am offenen Fenster Luft holen. Er soll sich dabei von dem, was ihn in Rage versetzt, abwenden und seine Nerven beruhigen.
3. Der Schüler soll sich vorstellen, mit seiner Wut einen Ballon aufzublasen – und ihn dann platzen zu lassen.
4. Schicken Sie den Schüler in einen vorher festgesetzten Auszeitbereich, und legen Sie fest, wie lange er dort bleiben soll (s. dazu „Auszeiten bei Konflikten" auf der folgenden Seite).
5. Sprechen Sie ruhig und leise mit dem Schüler, und blicken Sie ihm dabei in die Augen.
6. Halten Sie sich in unmittelbarer Nähe des Schülers auf, aber kommen Sie ihm nicht zu nah – sonst fühlt er sich vielleicht bedrängt und unter Druck gesetzt.
7. Wenn Sie selbst zu aufgebracht sind, um mit der Situation konstruktiv umzugehen, nehmen Sie sich selbst eine Auszeit. Erklären Sie, dass Sie ein paar Minuten Zeit brauchen, und sagen Sie genau, wann Sie sich der Sache wieder zuwenden werden.
8. In der Regel verdichten sich ein Konflikt und die damit verbundenen Gefühle, wenn Zuschauer anwesend sind. Gehen Sie deshalb gemeinsam mit dem betroffenen Schüler ein paar Minuten auf den Flur (Weisen Sie den Klassensprecher an, kurz seine Mitschüler zu beaufsichtigen und sich sofort bei Ihnen zu melden, falls etwas in Ihrer Abwesenheit vorfällt).
9. Sagen Sie nicht „Ich weiß, wie du dich fühlst" oder Ähnliches. Schüler halten das leicht für bevormundendes „Gerede".
10. Erinnern Sie sich auch in der Hitze des Gefechts immer wieder kurz daran, dass Sie der Erwachsene sind und sich auch so verhalten müssen – ganz egal, wie aufgebracht Sie auch sein mögen. Beschreiben Sie die Situation genau so, wie Sie sie wahrnehmen: „Du siehst wütend aus. Ich glaube, du fühlst dich durch meine Ermahnung provoziert."

Auszeit in Konflikten

Wichtig: **Die Schüler müssen genau wissen, wo sie für eine Auszeit hingehen können und wie sie sich dort verhalten sollen.**

1. Legen Sie einen bestimmten Ort für die Auszeiten fest. Es kann eine Ecke oder eine Nische im Klassenzimmer sein, ein Büro, der Flur oder der Klassenraum eines anderen Lehrers. Wo der Auszeitbereich sein wird, hängt natürlich auch von der Kooperationsbereitschaft anderer Lehrer ab; und auch davon, wie schwerwiegend das Fehlverhalten ist: Die Auszeit für eine Prügelei sollte am besten gleich im Büro der Schulleitung genommen werden.
2. Im Auszeitbereich sollten sich ein Tisch oder Schreibtisch, ein Stuhl und ein Teil der folgenden Ausstattung befinden:
   - beruhigende Musik, die die Schüler über Kopfhörer hören können
   - ein Aquarium
   - ein „Wut-Container": Die Schüler schreiben ihre Gedanken auf einen Zettel und werfen ihn anschließend in den „Wut-Container", der ein großes Schraubglas, ein Schuhkarton oder ein anderes Behältnis sein kann. Die Zettel werden später gemeinsam mit einem Lehrer oder Berater noch einmal durchgesehen und besprochen.
   - ein Kassettenrecorder mit einer leeren Kassette, auf die der Schüler seine Gedanken aufnehmen kann (wiederum, um sie später zu besprechen)
   - ein paar Kissen
   - Papier für Notizen
   - eine Auswahl „sicherer" Schreibwerkzeuge wie Filzstifte oder Malkreiden.

   Außerdem sollten Gegenstände zum Anfassen vorhanden sein; etwa ein weicher Ball als Schaumgummi oder ein genoppter Massageball, ein weiches Fell oder Blisterfolie.
3. Legen Sie fest, wie lange ein Schüler den Auszeitbereich nutzen kann. Normalerweise sind fünf Minuten ausreichend.
4. Betonen Sie, dass der Auszeitbereich nur für den Ernstfall gedacht ist.
5. Hängen Sie neben die Tür des Klassenraumes eine Liste, in die Schüler sich eintragen, wenn sie die Klasse vorübergehend verlassen.
6. Bringen Sie den Schülern bei, was sie über die Auszeit und die Nutzung des Auszeitbereiches wissen müssen. Das können z.B. folgenden Anweisungen sein:

Auszeit in Konflikten

- Frage vorher um Erlaubnis, wenn du dir eine Auszeit nehmen willst.
- Trage dann deinen Namen und die Uhrzeit auf die Liste neben der Tür, damit klar ist, wann du den Klassenraum verlassen hast.
- Gehe dann zum Auszeitbereich, und nimm dort Platz.
- Schreibe auf das dort bereit liegende Papier kurz, warum du eine Auszeit nimmst.
- Wenn du möchtest, kannst du dich mit einem der Gegenstände, die sich im Raum befinden, beschäftigen.
- Wenn die Zeit um ist, kommst du zurück in deine Klasse und meldest dich zurück.
- Gib dann das Papier mit deinem Text deinem Lehrer.

7. Führen Sie fortwährend Aufzeichnungen darüber, welche Schüler wann und wie lange den Auszeitbereich nutzen, damit Sie gegebenenfalls den Eltern oder der Schulleitung später darüber berichten können.
8. Sorgen Sie auf jeden Fall noch am selben Tag für eine Nachbesprechung mit dem Schüler, der den Auszeitbereich genutzt hat.

39 So bilden Sie erfolgreich Gruppen

… ob für Aufgaben oder für Spiele.

„Ich war letztes Mal schon in Anjas Gruppe", jammerte Tim. „Warum muss ich schon wieder in ihrer Gruppe sein?"

„Du hast die gleiche Farbe gezogen wie sie, oder?", antwortete sein Lehrer.

„Schon. Aber ich wollte kein Gelb."

„Vielleicht ziehst du beim nächsten Mal eine andere Farbe als Anja."

„Menno!" Tim trollte sich maulend in Richtung der gelben Gruppe. „Das nennt man wohl ‚Glück im Spiel'!"

Der Lehrer lächelte über die Reaktion seines Sechstklässlers. Er war froh, dass er gleich zu Beginn des Schuljahres eingeführt hatte, dass er das Verfahren bestimmte, durch das die Gruppen zusammengestellt wurden.

Sind Sie je einer Gruppenarbeit in ihrer Klasse aus dem Weg gegangen, weil Ihnen allein der Gedanke, die Gruppen zusammenzustellen, schon zu viel war?

Zehn Methoden zum Bilden von Gruppen:

1. **„Die Geraden und die Ungeraden":** Lassen Sie die Schüler einen nach dem anderen durchzählen. Alle mit geraden Zahlen bilden eine Gruppe, ebenso die mit den ungeraden Zahlen. Das gleiche Vorgehen wird anschließend innerhalb der Gruppe noch einmal wiederholt, sodass am Ende vier Gruppen bestehen.
2. **„Alphabet":** Die Schüler ziehen Papierstreifen mit je einem Buchstaben des Alphabets darauf – es gibt so viele verschiedene Buchstaben, wie es Gruppen geben soll. Sie suchen in Gedanken ein Wort aus, das mit ihrem Buchstaben anfängt, z.B. Bus für den Buchstaben „B". Dann gehen sie im Raum umher und nennen nur ihr Wort, um andere zu finden, deren Wörter mit dem gleichen Buchstaben anfangen.
   Diese Methode eignet sich v.a. für jüngere Schüler, die damit gleichzeitig die Reihenfolge des Alphabets üben und ihre phonetischen Kenntnisse trainieren.
3. **„Bonbon-Wahl":** Die Schüler ziehen ohne hinzusehen ein eingewickeltes Bonbon aus einer Tüte. Die Bonbonsammlung besteht aus so vielen verschiedenen Farben oder Sorten, wie Gruppen gebildet werden sollen. Alle, die ein rotes Bonbon gezogen haben, finden sich zu einer Gruppe zusammen usw.

39 So bilden Sie erfolgreich Gruppen

4 **„Händeschütteln":** Die Schüler ziehen aus einem Behälter ein Papierchen mit einer Zahl. Sie behalten ihre Zahl für sich, gehen durch den Raum und schütteln den anderen die Hände – so oft, wie die Zahl, die sie gezogen haben. Indem sie all diejenigen finden, die genau so oft Hände schütteln, finden sie sich zu Gruppen zusammen.

5 **„Was gehört zusammen?":** Wählen Sie Begriffe aus, die mit dem aktuellen Lernstoff zu tun haben, und zwar so viele, wie Sie Gruppen bilden möchten, und schreiben Sie sie auf kleine Zettel. In einem naturwissenschaftlichen Fach könnten das z.B. sein: Elektrizität, Volt, Ampère, Watt, negativ, positiv. Die Schüler ziehen die zusammengefalteten Zettel und suchen anschließend nach Mitschülern mit einem Wort aus der gleichen Gruppe.

6 **„Signale":** Verben wie kriechen, hüpfen, springen, gleiten und krabbeln oder Worte für Gefühle wie traurig, froh, wütend und nervös stehen auf zusammengefalteten Zetteln. Die Schüler ziehen diese und bewegen bzw. verhalten sich anschließend den Wörtern entsprechend, um so herauszufinden, wer noch zu ihrer Gruppe gehört.

7 **„Familie":** Die Schüler ziehen wieder nach dem Zufallsprinzip Papierstreifen, auf denen die Bezeichnungen von Familienmitgliedern stehen. Diese führen sie zu ihren „Gruppenfamilien"; z.B. bilden Vater Weber, Mutter Weber, Onkel, Schwester und Baby Weber zusammen eine Gruppe.

8 **„Sing mit!":** Diesmal stehen die Titel einfacher Lieder, die die Schüler sicher kennen, auf den Zetteln. Auf ein Zeichen hin bewegen sich alle durch den Raum, singen ihr Lied und finden andere, die dasselbe Lied singen.

9 **„Wechselhexel":** Wählen Sie nach dem Zufallsprinzip so viele Schüler aus, wie Sie Gruppen brauchen, z.B. fünf Schüler für fünf Gruppen. Geben Sie dann jedem Schüler eine Nummer. Jeder Schüler wählt dann einen anderen Schüler aus. Diese ziehen dann nach dem Zufallsprinzip eine Zahl (von 1–5), und die gerade ausgesuchten Schüler schließen sich der Gruppe mit dieser Zahl an. Niemand weiß bei diesem „Verwirrspiel", wer schließlich in welcher Gruppe landen wird.

10 **„FAQ":** Verteilen Sie unter den Schülern Zettel mit Fragen und Antworten, von denen jeweils 5 zu einem Themenbereich gehören. Legen Sie so viele Bereiche fest, wie Sie Gruppen brauchen. Die Schüler, deren Antworten und Fragen thematisch zusammengehören, bilden eine Gruppe.

Zehn Tipps für erfolgreiche Gruppenarbeit:

1. Bringen Sie den Schülern Regeln für das Verhalten in Gruppen bei.
   Von Gruppenmitgliedern wird erwartet, dass sie …
   - Pflichten und Materialien gleichmäßig (ver)teilen,
   - gut zusammenarbeiten und dabei freundlich miteinander sprechen,
   - sich gegenseitig zuhören,
   - sich gegenseitig Respekt zeigen, indem sie höflich miteinander umgehen, ihre Arbeit gegenseitig wertschätzen und dies auch zum Ausdruck bringen,
   - einander bei allen Schwierigkeiten unterstützen,
   - zusammenarbeiten, um gemeinsam eine gute Idee oder ein Projekt zu präsentieren,
   - Aufzeichnungen darüber führen, wie viel Zeit sie in der Gruppe zugebracht haben.
2. Normalerweise sind homogene Gruppen auf spezifische Themen oder Fächer bezogen und bestehen aus Schülern mit ähnlichen Interessen oder Fähigkeiten. Bei heterogenen Gruppen geht es eher um bestimmte Aktivitäten, und die Schüler können deshalb sehr unterschiedliche Voraussetzungen mitbringen. Entscheiden Sie sich für eine von beiden Varianten, und bestimmen Sie auch, wie viele Schüler in einer Gruppe sein sollen.
3. Planen Sie im Voraus, auf welche Weise und mit welchen Methoden die Schüler Gruppen bilden sollen (siehe dazu „*So bilden Sie erfolgreich Gruppen*", s. S. 104). Bereiten Sie alles vor, was Sie dafür brauchen, z.B. Zettel oder farbige Textmarker.
4. Ihnen selbst müssen die Aufgaben der Gruppen vollkommen klar sein. Beantworten Sie daher zunächst für sich selbst folgende Fragen: Was genau sollen die Schüler tun? Wo und wann? Und mit welchem Ziel?
5. Planen Sie genau, welche Gruppe wo arbeiten soll und welche Materialien sie braucht, bevor die Schüler Gruppen bilden.
6. Geben Sie klare Anweisungen, mündlich wie auch schriftlich, bevor Sie die Gruppen zusammenstellen. Legen Sie auch dann schon die genaue Zeit für die Rollenverteilung in den Gruppen fest. Besprechen Sie, auf welche Weise die Arbeit der gesamten Gruppe und die einzelner Mitglieder ausgewertet wird.
7. Wenn die Schüler verschiedene Aufgaben innerhalb der Gruppen übernehmen sollen (Aufschreiben, Zeitkontrolle, Präsentation der Ergebnisse …), erklären Sie sie ihnen vorher genau.
8. Gehen Sie während der Gruppenarbeit im Raum umher, und unterstützen Sie die Gruppen, sobald sie mit der Arbeit begonnen haben.
9. Um die Gruppenarbeit von Beginn an spannend zu halten, sollten Sie immer wieder neue Methoden der Gruppenbildung ausprobieren.
10. Ein Wettbewerbselement macht das Ganze noch interessanter. Geben Sie z.B. der Gruppe einen Preis, die sich als erste gefunden hat und still sitzt.

9.

Motivation

Nicht jede Methode ist universal einsetzbar; nicht jedes pädagogische oder didaktische Vorgehen ist für alle Schüler gleichermaßen geeignet. Gute Lehrer verfügen über eine breite Palette von didaktischen Ansätzen und Methoden, um möglichst alle Schüler zum Lernen zu motivieren. Lust auf Lernen beginnt allerdings schon früher, nämlich mit dem Aufbau einer guten Beziehung zwischen Lehrer und Klasse bzw. Schüler. Wo sie fehlt, sind andere motivierende Maßnahmen zum Scheitern verurteilt. Zu den vielfältigen „Lehrmitteln" eines Lehrers gehört auch, dass er täglich eine Portion Humor mit in die Schule bringt. In einer Umfrage an mehreren Schulen stuften alle befragten Schüler und Jugendlichen „einen guten Sinn für Humor" als sehr wichtige Eigenschaft bei Lehrern ein. Neben Humor motiviert es die meisten Schüler auch zum Lernen, wenn sie mehr Eigenverantwortung entwickeln dürfen. Dadurch wird ihnen nämlich die Bedeutung ihres Lernens für ihre Entwicklung bewusster. Methoden, die auf darstellendem Spiel oder Musiktheater basieren, sind oft schon von Natur aus anregend und motivierend für Schüler. Und selbst diejenigen, die diese Methoden nicht ansprechen, werden durch die Dynamik der Gruppe bei der Arbeit mit diesen Methoden einen Motivationsschub erhalten. Das folgende Kapitel umfasst eine breite Auswahl an Unterrichtsideen, die es Ihnen ermöglichen, Ihre Schüler noch mehr in den Unterricht mit einzubeziehen und sie dadurch wirkungsvoll zu fördern.

Bauen Sie Beziehungen auf

Ein gutes Verhältnis zwischen Lehrer und Schüler bewirkt, dass beide gut zusammen lernen und arbeiten können. Kommen Lehrer und Schüler gut miteinander aus, haben beide Seiten Freude am Unterricht und gehen gerne in die Schule. Der Lernerfolg der Schüler profitiert davon ganz enorm.

Unterrichten Sie mit Humor

Das bringt so viele Vorteile mit sich, dass ich sie unmöglich alle hier aufzählen kann. Humor ist für Lehrer „überlebenswichtig", denn er schafft auf ganz natürliche Weise eine gutes Klima zwischen Lehrern und Schülern und schafft damit ein fruchtbares Umfeld für das gemeinsame Lernen.

So motivieren Sie Ihre Schüler

Was sie lernen oder aus dem Unterricht mitnehmen, steht für die meisten Schüler in direkter Beziehung dazu, wie sehr der Unterricht angeregt und motiviert hat. Waren sie gleich zu Beginn der Stunden von einer Idee oder Sache fasziniert? Blieben sie die ganze Zeit über aufmerksam? Konnten sie nach der

Stunde wichtige Aspekte des Gelernten wiedergeben? Es ist Ihre Aufgabe als Lehrer, den Unterricht so spannend wie möglich zu gestalten. Wenn Ihnen das gelingt, werden die Schüler nicht nur empfänglicher für den Lernstoff; sie behalten ihn auch erfolgreicher.

Geben Sie Schülern mehr Eigenverantwortung

Erwachsene arbeiten für ihr Gehalt. Auch Schüler arbeiten für solche Belohnungen „von außen", allerdings brauchen sie für ihren schulischen Erfolg auch einen inneren Antrieb. Es ist Ihre Aufgabe als Lehrer, Ihren Schülern zu vermitteln, dass sie selbst für ihr Lernen verantwortlich sind – nicht immer eine leichte Aufgabe!

Machen Sie Ihre Schüler zu Schauspielern

Schüler und Jugendliche lieben es, so zu tun, „als ob", d.h. zu schauspielern. Nutzen Sie dies, indem Sie kurze Einheiten darstellenden Spiels in den alltäglichen Unterricht einflechten. Hier können Ihre Schüler auch zielgerichtet ihre überschüssige Energie loswerden.

Unterrichten Sie mit Musiktheater

Mit Musiktheater ist hier gemeint, dass die Schüler und Jugendlichen sich bewegen, schauspielern und Musik machen. Der wichtigste Grund, der für die kontinuierliche Arbeit mit Musiktheater spricht, ist, dass es das von den Schülern verlangt, was sie lieben: sich zu bewegen.

40 Bauen Sie Beziehungen auf

... zu Ihren Schülern.

Es war der Beginn von Frau Kiels erstem Jahr als Lehrerin. Sie war nervös und aufgeregt, als es galt, ihrer Klasse das erste Mal zu begegnen. Würden die Schüler sie mögen? Würde es ihr gelingen, ein gutes Verhältnis zu ihnen herzustellen?

Als die Schüler am ersten Tag einer nach dem anderen in die Klasse kamen, stand Frau Kiel an der Tür, lächelte jeden Einzelnen an und fragte ihn nach seinem Namen. Die Schüler fühlten sich angesprochen und spürten ihr Interesse. Der erste Schritt zu einer guten Lehrer-Schüler-Beziehung war leichter gewesen, als Frau Kiel erwartet hatte.

Zehn Wege, wie Sie eine persönliche Beziehung zu Ihren Schülern herstellen können:

1. Geben Sie ein wenig Persönliches von sich preis, wenn es Ihnen passend und angemessen erscheint. Verwenden Sie im Unterricht auch Beispiele, die mit Ihnen selbst zu tun haben, und lassen Sie ein paar persönliche Dinge von sich im Klassenraum, z.B. Zimmerpflanzen von zu Hause.
2. Lernen Sie so schnell wie möglich die Namen Ihrer Schüler, und merken Sie sich auch irgend etwas anderes von ihnen. Führen Sie Checklisten über ihre Interessen, Vorlieben, Stärken etc.
3. Zeigen Sie, dass es Ihnen ernst ist mit Ihren Schülern (Schüler merken schnell, wenn jemand nur so tut, als ob er sie schätzen und mögen würde). Geben Sie sich bescheiden, wenn es angebracht ist, und verhalten Sie sich niemals herablassend.
4. Seien Sie auch außerhalb der Unterrichtszeiten für die Schüler ansprechbar. Bleiben Sie nach der Schule ein paar Minuten, um noch ein bisschen mit ihnen zu plaudern.
5. Verhalten Sie sich warmherzig und freundlich; nicht nur, weil das bei der Herstellung einer Beziehung hilft, sondern auch einfach, weil Sie es möchten. Schüler müssen wissen, dass Sie für sie da sind.
6. Seien Sie freundlich, und lächeln Sie viel.
7. Gehen Sie immer respektvoll mit Schülern um (s. „*Zeigen Sie Respekt*", S. 19)
8. Halten Sie Augenkontakt, und konzentrieren Sie sich auf Ihren Schüler, wenn Sie mit ihm sprechen.
9. Beobachten Sie die Schüler und Jugendlichen genau, um über ihre Körpersprache etwas von ihnen zu erfahren.
10. Pflegen Sie Ihren Sinn für Humor. Erzählen Sie ab und zu Witze, und seien Sie gelegentlich sogar ein bisschen albern.

41 Unterrichten Sie mit Humor

... um Motivation und Interesse zu entfachen.

„Ich gehe so gern zur Schule", erklärte der 11-jährige Ralf seiner überraschten Mutter. Diesen Satz hatte sie noch nie vorher von ihrem Sohn gehört; normalerweise war er desinteressiert und unmotiviert was die Schule betraf.

„Sehr gut!", sagte sie. „Was ist aber denn in diesem Jahr so anders?"

„Herr Bergmann", Ralf lächelte. „Er ist der Beste. Er erzählt immer Witze und lacht mit uns mit, wenn was Dummes passiert – sogar dann, wenn's ihm selbst passiert. Er ist cool."

Zehn Wege, wie Sie Ihren Sinn für Humor stärken können:

1. Denken Sie immer daran, dass kaum jemals etwas so ernst ist, wie wir es im Augenblick nehmen. Spielen Sie das „10 Jahre"-Spiel: Fragen Sie sich: „Wird dieses Problem in 10 Jahren noch irgendeine Bedeutung haben?"
2. Kaufen Sie sich ein paar lustige DVDs oder Videos – Comedy, Kabarett oder was immer Sie mögen.
3. Schauen Sie mindestens einmal in der Woche im Fernsehen eine Sendung, die Sie zum Lachen bringt – und zwar laut und herzhaft.
4. Hören Sie auf dem Weg zur Arbeit einen Radiosender, dessen Programm Sie witzig und unterhaltsam finden. Damit bereiten Sie sich einen Grundlage für einen humorvolleren Tag.
5. Sie selbst sollten nur Witze erzählen, wenn Sie das wirklich gut können! Besorgen Sie sich ein Buch mit guten Witzen, Kalauern, Wortspielen oder Limericks, um sie Ihren Schülern vorzulesen.
6. Versuchen Sie, die komische Seite „ernsthafter" täglicher Dinge zu sehen. Ein Beispiel: Sie schleppen wieder mal all Ihren Kram aus Ihrem Auto in die Schule, und Ihnen fällt etwas herunter. Erzählen Sie es Ihren Schülern, anstatt sich zu ärgern, und lachen Sie gemeinsam.
7. Verbringen Sie Zeit mit Menschen, die einen guten Sinn für Humor haben und gerne lachen. Humor ist wie Lachen ansteckend!
8. Sammeln Sie witzige Poster, Karikaturen, Comicstrips, Zitate und Ähnliches, und hängen Sie sie in der Klasse auf. Erneuern Sie diese Ausstellung regelmäßig. Überlegen Sie sich, ob Sie ein Schwarzes Brett für Witze einrichten, an dem Schüler immer wieder ausstellen können, was sie besonders witzig finden
9. Unterrichten Sie mit einem „Augenzwinkern": Alles ist so spannend und komisch, wie Sie es mit Ihrer Stimme, Ihrem Ausdruck und Ihrer Begeisterung werden lassen.
10. Wann immer möglich, nutzen Sie Humor, um brenzlige Situationen zu entschärfen. Wenn z.B. ein Schüler aufgebracht ist, sagen Sie lieber „Oha! Ich kann die Hitze, die von dieser Ecke ausstrahlt, deutlich fühlen", anstatt „Beruhige dich!".

Ideen für eine Unterrichtseinheit zum Thema Humor

Wenn Sie Humor zum Thema einer Unterrichtsstunde oder sogar -einheit machen, können Sie damit einerseits die Beziehung zu Ihren Schülern verbessern, andererseits können Sie Ihrer Klasse neue Inhalte auf unterhaltsame Weise vermitteln. Aber wie wird daraus eine Unterrichtsstunde? Hier finden Sie einige Ideen; suchen Sie sich aus, was Sie interessiert und zur Altersstufe Ihrer Klasse passt.

- Beginnen Sie damit, Ihre Schüler für eine Umfrage zum Thema Humor zu begeistern (eine Vorlage dafür finden Sie auf der folgenden Seite). Die Umfrageergebnisse können als Aufhänger für die übrige Unterrichtseinheit oder als Grundlage für Diskussionen in Gruppen dienen.
- Lassen Sie Ihre Schüler das Leben von Komikern (Charly Chaplin, Louis de Funès, Sacha Baron Cohen …) recherchieren oder den Zusammenhang zwischen Wohlbefinden und Lachen erforschen – der Phantasie und Kreativität sind dabei keine Grenzen gesetzt.
- Die Schüler sollen ein persönliches Lachjournal oder Humorbuch führen, in das sie lustige Geschehnisse, Witze und Ähnliches eintragen.
- Erzählen Sie einen Witz. Ihre Schüler sollen sich dann darauf vorbereiten, dass in den kommenden Wochen jeden Tag einer von ihnen auch einen Witz erzählen wird.
- Reichern Sie eine ansonsten eher nüchterne Stunde mit etwas Humor oder „Albernheit" an. Lassen Sie z.B. die Jugendlichen einen sachlichen Brief an den Schulrat schreiben, in dem sie ein „Lachseminar" für alle Lehrer beantragen.
- Lassen Sie Ihre Schüler in dafür vorgesehenen Zeiten im Schulunterricht selbstständig in humorvollen Büchern lesen.
- Ihre Schüler entwerfen humorvolle Selbstportraits oder Steckbriefe.
- Ihre Klasse schaut sich einen witzigen Film ohne Ton an und soll herausfinden, welche nonverbalen Ausdrucks- und Kommunikationsformen eingesetzt werden, um die Zuschauer zum Lachen zu bringen.
- Lassen Sie die Schüler ihre zehn witzigsten Lieblingseinzeiler oder Bonmots sammeln. Sie tragen diese dann vor, entweder in kleinen Gruppen oder vor der gesamten Klasse. Besprechen sie anschließend gemeinsam, warum die Einzeiler komisch sind – oder warum nicht.

Worüber lachen wir und warum?

Eine Umfrage zum Thema Humor

Aufgabe:
Sammelt die Antworten (möglichst) verschiedener Menschen auf folgende Fragen:

1. Wer ist Ihr Lieblingskomiker oder -komödiant?
2. Erklären Sie bitte, was diesen Menschen für Sie komisch macht. Welches seiner Eigenschaften oder Verhaltensweisen bringen Sie zum Lachen?
3. Welche TV-Sendung bringt Sie zum Lachen? Warum finden Sie sie witzig? Geben Sie bitte ein paar konkrete Beispiele für Szenen, über die Sie lachen.
4. Welchen Film finden Sie besonders witzig? Geben Sie bitte ein paar konkrete Beispiele für Szenen, die Sie besonders komisch finden.
5. Hat der Film anderen genauso gut gefallen wie Ihnen? Warum bzw. warum nicht?
6. Mögen Sie Karikaturen oder Comics? Warum bzw. warum nicht?
7. Welcher Mensch ein Ihrer persönlichen Umgebung bringt Sie zum Lachen? Bitte beschreiben Sie diesen Menschen.
8. Was ist Ihre Lieblingskarikatur oder Ihr Lieblingscomic?
9. Welche Art von Witzen mögen Sie besonders (z.B. lange, erzählende Witze, Limericks oder Einzeiler)? Geben Sie bitte drei oder vier Beispiele dafür an.
10. Wie viele Male am Tag lachen Sie Ihrer Meinung nach?
11. Haben Sie je gelacht, bis Ihnen der Bauch weh tat? Wann und warum?
12. Nennen Sie bitte jemanden in dieser Schule, den Sie für humorvoll halten, und erklären Sie, warum.

42 So motivieren Sie Ihre Schüler

… damit sie sich ganz dem Lernen widmen.

Herr Härtel liebte es, anders zu sein. Seine Schüler wussten nie, was sie als nächstes zu erwarten hatten. Als er eines Morgens nach der Pause mit einer Socke in jeder Hand in die Klasse kam, sahen ihn die Schüler mit weit auf gerissenen Augen an. Etwas Gekicher war noch zu hören, aber der ernste Gesichtsausdruck des Lehrers ließ den Raum schnell zur Ruhe kommen.
Er räusperte sich laut hörbar und sagte dann: „Ich würde Euch gerne Herrn Rot und Frau Braun vorstellen." Er wedelte entsprechend mit seinen Händen. „Sie werden uns heute etwas beibringen, indem sie für Zahlen in unseren Mathematikaufgaben stehen."
„Aber es sind doch nur Socken!", verkündete ein Mädchen.
„Schau genauer hin", sagte Herr Härtel ernst. „Stell Dir Ihre komischen Gesichter vor. Herr X hat einen Pickel auf der Nase", und er zeigte auf ein Loch in der Socke, „und Frau Y ist sehr, sehr alt und weise", und er zeigte auf die abgetragenen und fadenscheinigen Teile der Socke. Die Stunde wurde ein voller Erfolg, obwohl Herr Rot von Zeit zu Zeit auf dem Tisch liegen musste, während Herr Härtel etwas an die Tafel schrieb.

Wie oft haben Sie schon Ihren Blick durch die Klasse schweifen lassen – nur, um festzustellen, dass die Mehrheit der Schüler mit etwas ganz anderem beschäftigt ist?

Zehn Methoden, durch die Ihr Unterricht motivierender wird:

1. Tun Sie so, als hätten Sie Ihre Stimme oder Ihr Gedächtnis verloren, und fordern Sie Ihre Schüler dazu auf, die Stunde fortzusetzen, indem sie einer nach dem anderen unterrichten.
2. Präsentieren Sie Inhalte von Zeit zu Zeit mit Hilfe von Handpuppen – gekauften oder selbst gemachten.
3. Lassen Sie Ihre Schüler durch Ihre Haltung, Stimme und Körpersprache wissen, für wie wichtig Sie diese Stunde halten.
4. Sorgen Sie dafür, dass die Schüler genau wissen, warum sie etwas tun und auf welche Weise sie davon profitieren werden. Feiern Sie auch kleine Fortschritte, und belohnen Sie sie sofort dafür.

42 So motivieren Sie Ihre Schüler

5 Ermuntern Sie Ihre Schüler ausdrücklich zu Eselsbrücken oder Gedächtnisstützen. („Zuerst das Wasser, dann die Säure, sonst geschieht das Ungeheure." „Wer nämlich mit h schreibt ist dämlich.")

6 Erzählen Sie Geschichten und Anekdoten. Verraten Sie etwas Persönliches über sich oder machen Sie sich über sich selbst lustig. Damit packen Sie die Aufmerksamkeit der Schüler gleich zu Beginn einer Stunde.

7 Finden Sie heraus, was Ihre Schüler interessiert und was sie besonders gut können. Dieses Wissen über ihre individuellen Seiten hilft Ihnen, die Stunde für jeden einzelnen relevant zu machen. Wenn Sie z.B. viele Fußballfans in der Klasse haben, können Sie Rechenaufgaben mit Beispielen oder Anekdoten aus der Fußballwelt bereichern.

8 Verwenden Sie so oft wie möglich Requisiten. Mit einem „Zauberstab" als Zeigestab lernt es sich einfach viel besser.

9 Kinder und Jugendliche lieben Abenteuer und Spannung. Berücksichtigen Sie dieses natürliche Interesse in Ihren Stunden. Diskutieren Sie z.B. eine naturwissenschaftliche Frage vom „futuristischen" Standpunkt aus, und fragen Sie „Was wäre wenn ...?"

10 Wecken Sie die natürliche Neugierde der Schüler, indem Sie die Stunde mit einer provokativen oder rhetorischen Frage beginnen. („Was würde passieren, wenn die Schule für immer geschlossen würde?")

43 Fördern Sie die Eigenverantwortung Ihrer Schüler

… um sie zum Lernen zu motivieren und den Lernerfolg zu steigern.

Der Vater war freudig überrascht, als er sah, dass sich sein Sohn intensiv mit einem Projekt für den Geschichtsunterricht beschäftigte. Karim war nicht gerade als „guter Schüler" bekannt, und Hausaufgaben waren sonst immer ein Problem gewesen. „Hey, Junge", sprach ihn sein Vater an. „Großes Projekt?"

„Ja … ziemlich", murmelte Karim. „Unser Lehrer stellt unsere Arbeiten alle am Tag der Offenen Tür nächste Woche aus."

„Oh", der Vater lächelte. Das war's also – mehr Eigenverantwortung!

Zehn Wege, wie Sie die Eigenverantwortung Ihrer Schüler fördern können:

1. Am Ende einer Gruppenarbeit sollte jeder Einzelne aufschreiben oder berichten, was er selbst zum Projekt des Teams beigetragen und was er dabei gelernt hat.
2. Gestalten Sie Aufgaben so, dass die Schüler sie als zielgerichtet, glaubwürdig und echt empfinden und zu ihrem eigenen Alltag in Beziehung setzen können.
3. Sorgen Sie dafür, dass Ihre Schüler die Verbindung zwischen Vorbereitungen (Unterrichtsstunden oder einzelnen Aufgaben) und Projektergebnis verstehen und das Ziel nicht aus den Augen verlieren.
4. Erklären Sie bei der Einführung einer Aufgabe, warum sie wichtig ist. Legen Sie eine bestimmte Zeit für ihre Fertigstellung fest.
5. Geben Sie den Jugendlichen irgendwann im Verlauf einer Aufgabe Entscheidungsfreiheit und Steuerungsmöglichkeiten. Das kann sowohl die Inhalte als auch die Art der Ausführung betreffen.
6. Ermutigen Sie Ihre Schüler dazu, neugierig zu sein, durchzuhalten und auf ein gutes Ergebnis hinzuarbeiten.
7. Zeigen Sie anhand eines konkreten Beispiels, was Ihre Klasse tun und wie das Ergebnis aussehen soll. Dann wissen alle genau, was von ihnen erwartet wird.
8. Sorgen Sie für Abwechslung, indem Sie die Aufgaben, Methoden und Sozialformen ständig variieren.
9. Nehmen Sie alle Schülerleistungen sichtbar zur Kenntnis – selbst, wenn dies nur bedeutet, Ihre Initialen unter eine Hausaufgabe zu setzen, um zu zeigen, dass Sie sie gesehen haben.
10. Denken Sie darüber nach, einen Schülervertrag für mehr Eigenverantwortung in Ihrer Klasse einzusetzen (s. Vorlage auf S. 118).

So fördern Sie authentisches Lernen:

- Unterstützen Sie Ihre Schüler beim Fragen, Forschen und Recherchieren (Stichwort: Entdeckendes Lernen).
- Akzeptieren Sie unterschiedliche Antworten auf Fragen (wenn im Rahmen der Sache möglich).
- Der Klassenraum selbst kann deutlich machen, dass es immer mehrere Blickwinkel und Ansätze gibt. Richten Sie darin Ecken ein, an denen Themen unter verschiedenen Perspektiven betrachtet werden können: Kleine Bereiche zum Ausprobieren neuer Materialien, ausgestattet mit einem Tisch und ein paar Stühlen.
- Setzen Sie die neuen Medien wie Computer und Internet, die den Alltag der meisten Schüler mittlerweile prägen, in Ihrem Unterricht ein. Geben Sie ihnen dabei auch Zeit zum Experimentieren und Spielen.
- Würdigen Sie nach Möglichkeit verschiedene Lernstile, indem Sie unterschiedliche Arbeitsmethoden anbieten.
- Machen Sie die Arbeiten Ihrer Schüler öffentlich, indem Sie möglichst viele Projekte und Ergebnisse ausstellen.
- Führen Sie das Entdecken und Erforschen als Lernmethode ein. Hierbei dürfen die Schüler über Versuch und Irrtum selbstständig zu Ergebnissen finden.
- Verbinden Sie Lesen und Schreiben mit Alltagserfahrungen. Lassen Sie die Schüler z.B. Briefe an reale Personen schreiben, Bestellformulare ausfüllen oder Fernsehzeitschriften lesen.
- Geben Sie immer die Gründe für ein Thema bzw. Lerninhalte an. Sagen Sie der Klasse z.B., dass Sie etwas über Geschichte lernen, um die Fehler der Vergangenheit zu vermeiden, oder, dass sie sich mit der Beeinflussung durch Werbung beschäftigen, um nicht soviel Geld für sinnloses Dinge auszugeben.

Selbstverpflichtung

Ich ____ *(Name),*

stimme folgenden Bedingungen für mein ________ *Schuljahr an der*

____ *(Name der Schule) zu.*

Ich verpflichte mich, …

- pünktlich zur Schule zu kommen,
- auf ein ordentliches und sauberes äußeres Erscheinungsbild zu achten,
- alle notwendigen Bücher und Materialien mitzubringen,
- regelmäßig meine Hausaufgaben zu erledigen,
- meine Lehrer und Mitschüler zu respektieren,
- im Unterricht mitzuarbeiten, so gut es mir möglich ist,
- die Regeln der Schule einzuhalten.

***Hinweis:* Ich akzeptiere, dass, wenn ich dieser Selbstverpflichtung regelmäßig nicht nachkomme, dies eine Besprechung mit dem Beratungslehrer oder ein Eltern-Lehrer-Gespräch erforderlich macht.**

____ *(Unterschrift des Schülers, Datum)*

____ *(Unterschrift des Lehrers, Datum)*

____ *(Unterschrift eines Erziehungsberechtigten, Datum)*

44 Machen Sie Ihre Schüler zu Schauspielern

... und fördern Sie so ihre Lernbereitschaft und Freude am Unterricht.

Auf seinem Weg nach unten in die Aula blieb der Schulleiter stehen, um eine fünfte Klasse in vollem Einsatz zu beobachten. Die Schüler bildeten mit hoher Geschwindigkeit Gruppen, um sich dann genauso schnell wieder neu zusammenzufinden. Der Schulleiter nahm an, sie ließen einfach Dampf ab, und fragte später den Lehrer, ob seine Annahme zuträfe.

„Oh ja", stimmte ihm der Lehrer zu, „aber außerdem haben sie gerechnet. Sie haben Atom gespielt, dabei üben sie addieren und subtrahieren".

Wie oft haben Sie schon gedacht: „Ich verstehe nicht, warum sie es einfach nicht kapieren. Was soll ich denn noch alles tun?"

Zehn Ideen dafür, wie Sie Schauspielerei in Ihren täglichen Unterricht integrieren können:

1. **Das „Atom-Spiel"** (für den Mathematikunterricht): Die Schüler bewegen sich in der Mitte des Raumes und bilden Gruppen. Deren Größe richtet sich nach den Zahlen, die der Lehrer jeweils nennt. Die Gruppen mit der falschen Anzahl von Mitgliedern scheiden aus.
2. **„Spiegelbild":** Zwei Schüler stehen oder sitzen sich gegenüber. Einer von beiden leitet an und bewegt langsam Hände und Arme. Der andere folgt den Bewegungen und schaut ihm dabei nur in die Augen. Später werden die Rollen getauscht. Dabei schulen die Schüler ihre Aufmerksamkeit und Wahrnehmung.
3. **„Auf vielen Wegen bewegen":** Die Schüler bewegen sich auf einer freien Fläche und folgen Ihren Anweisungen, z.B. „Geht, als ob ihr müde seid" oder „Geht wie auf heißen Steinen".
4. **„Gemälde":** Kleine Gruppen bilden Standbilder zu Szenen aus Geschichten, historischen Ereignissen etc.
5. **„Innerer Dialog":** Die Schüler besprechen eine Situation (aus einer Erzählung, dem sozialen Bereich oder sogar eine Mathematikaufgabe). Dabei nehmen sie die Rollen verschiedener Persönlichkeiten (oder Zahlen) an. Wenn ihnen jemand auf die Schulter klopft, nennen sie für diese Rolle typische Gedanken oder Ideen, z.B.: „Ich bin der Nenner! Ich stehe immer unter dem Bruchstrich."

44 Machen Sie Ihre Schüler zu Schauspielern

6 **„Nebeneinander":** In Gruppen zeigen die Schüler verschiedene Interpretationen der gleichen Situation, z.B. einer Bundestagswahl. Ein Team zeigt zum Beispiel die Reaktionen der Siegerpartei, ein anderes das Verhalten der anwesenden Journalisten. Normalerweise beginnen die Jugendlichen dabei mit mimischer Darstellung, dann kommt die Sprache hinzu.

7 **„Kopie":** Ein paar Schüler stellen fünf Sekunden lang ein Bild dar (z.B. eine Darstellung aus dem Schülerbuch). Eine anderes Team versucht, diese Positionen exakt zu imitieren.

8 **„Sprechchor":** Schüler erfinden gemeinsam oder in kleinen Gruppen Sprechchöre oder kurze Rapsongs, die beim Lernen schwieriger Begriffe oder Regeln helfen.

9 **„Pro und Kontra":** Sie bestimmen ein Diskussionsthema, teilen alle Schüler oder einzelne Gruppen in die Fraktionen Pro und Kontra ein und lassen sie dann entsprechend debattieren.

10 **„Interaktives Theater":** Ein Schüler trägt ausdrucksvoll einen Satz bzw. Vers (Prosa oder Lyrik) vor, und die anderen ahmen ihn genau nach – das motiviert v.a. schüchterne oder stille Schüler.

45 Unterrichten Sie mit Musiktheater

… als alternativen Zugang zum Lernen.

Brief einer Mutter eines Sechstklässlers:

*„Liebe Frau Paterson,
Patrick ist nie gerne zur Schule gegangen – bis zu diesem Jahr. Ich glaube, das liegt an dem Musiktheater, von dem er mir immer wieder erzählt. Ich weiß nicht so genau, was das eigentlich ist, aber er kommt jeden Tag nach Hause und will mir davon unbedingt berichten. Heute erzählte er mir, er hätte den Wolf in Rotkäppchen gespielt und sich ‚zu Musik bewegt'. Er war wirklich stolz. Vielen Dank, dass sie Patrick so fürs Lernen begeistern."*

Zehn Möglichkeiten, wie Sie Musiktheater im Unterricht einsetzen können:

1. Die Schüler hören zunächst mit geschlossenen Augen bestimmte Musikstücke, dann bekommen sie die Aufgabe, den Rhythmus zu halten, z.B. indem Sie klatschen, klopfen oder mit den Füßen stampfen.
2. Die Schüler erfinden eine Methode, mit der sie sich an ihren Plätzen sitzend im Rhythmus der Musik bewegen. Sie können z.B. mit dem Körper schwingen oder sich wiegen, mit den Händen Achten formen oder ihre Arme heben und senken.
3. Ihre Klasse geht, marschiert, hüpft oder bewegt sich einfach im Rhythmus zur Musik durch den Raum – entweder kreuz und quer oder in einer Reihe.
4. Zu einer Musik erfinden die Schüler ihre eigenen Bewegungen.
5. Sehen Sie sich zur Vorbereitung Bewegungssequenzen zu Musik auf Video oder DVD an (z.B. Eiskunstlauf, klassisches Ballett, Standardtanz, Musicals)
6. Alle wiederholen eine Bewegung, und Sie begleiten diese mit Worten, Fragen und Antworten oder Sprechgesang (mit oder ohne Bedeutung)
7. Erzählen Sie eine Geschichte mit viel Spannung und „Action". An einer geeigneten Stelle unterbrechen Sie. Ihre Schüler sollen nun „voraussagen", was als nächstes geschehen könnte, indem Sie sich zu einer passenden Musik bewegen.
8. Wenn Sie eine Choreographie entwickeln, beginnen Sie mit der Frage: „Wer kennt eine bestimmte Bewegung, die gut zu diesem Teil der Musik passt?" Falls keine Vorschläge kommen, dann bieten entweder Sie selbst eine einfache Idee an, oder Sie weisen auf eine Bewegung hin, die Sie zuvor bei einem Ihrer Schüler gesehen haben.
9. Lassen Sie die Schüler Gruppen bilden. Spielen Sie Musik an, und lassen Sie jede Gruppe Bewegungen entwickeln, die sie daraufhin jeweils der ganzen Klasse zeigt. Suchen Sie dann möglichst eine Bewegung jeder Gruppe aus, um daraus eine Bewegungssequenz für die gesamte Klasse zu bilden.
10. Lassen Sie die Schüler ihre Gedanken zum Musiktheater aufschreiben.

Zehn gute Gründe für den Einsatz von Musiktheater:

- Musik ist eine Sprache, die universell verstanden wird. Auch Schüler mit unterschiedlichem kulturellem Hintergrund finden leicht einen Zugang dazu. Deshalb ist Musiktheater besonders für sehr heterogene Klassen geeignet.
- Musiktheater fördert auf ganz selbstverständliche Weise die Kommunikation unter den Schülern. Sie können sich sowohl über die Musik als auch über ihre Bewegungen und Gefühle dabei austauschen.
- Egal, ob die Jugendlichen selbstbewusst oder extrovertiert sind – Musiktheater gibt ihnen allen die gleiche Chance, sich zu entfalten, und zwar ohne sich bloßgestellt zu fühlen.
- Musiktheater kann fächer- und themenübergreifend eingesetzt werden.
- Sie können es nutzen, um ganze Unterrichtseinheiten, Literatur oder allgemeine Themen einzuführen oder abzuschließen.
- Es ist ein wirkungsvolles Mittel, um die Konzentration wiederherzustellen und das Interesse der Schüler wiederzugewinnen.
- Durch Musiktheater kann sich die Klasse bei Konzerten oder Tagen der Offenen Tür nach außen hin präsentieren.
- Musiktheater ergänzt und erweitert das Verständnis der Schüler für Literatur, indem sie die Handlung zur Musik vorspielen.
- Schüler lieben Choreographien. Sie mögen es, geplante Bewegungen zu üben, weil es ihnen das Gefühl gibt, „zu etwas Wichtigem dazuzugehören".
- Jeder Lehrer kann Musiktheater anleiten. Sie müssen dafür kein Tänzer sein oder Vorerfahrungen mitbringen. Alles, was Sie brauchen, sind die Musik, Stichworte und Anweisungen. Die Umsetzung schaffen Ihre Schüler ganz allein.

10.

Selbstdarstellung

Lehrer sind Darsteller, der Klassenraum ist ihre Bühne. Dem Repertoire an Methoden, Inhalten und Verhalten, das sie ihren Schülern täglich zeigen, liegt eine große Bandbreite unterschiedlichster Haltungen, Perspektiven, Ideen und Herangehensweisen zu Grunde. Von ihnen wird erwartet, all dies enthusiastisch und leidenschaftlich zu präsentieren und, als ob das alles nicht schon genug verlangt wäre, dabei auch noch kreativ und flexibel zu sein. Und schließlich soll durch all diese wunderbaren Eigenschaften hindurch auch noch deutlich ihr bescheidenes und freundliches Wesen scheinen.

Unterrichten Sie ideenreich und kreativ

Lehrer, so fordern viele, sollen ihren Unterricht kreativ gestalten. Aber wer bringt ihnen eigentlich bei, wie das geht? Leider gehen selbst die meisten Lehrer davon aus, dass nur wenige Auserwählte ihrer Zunft kreativ sind, nämlich diejenigen, die dafür eine besondere Begabung mitbringen. Stimmt nicht! Mit geringfügigen Änderungen an seinen bisherigen Stunden kann jeder Lehrer seinen Unterricht durch Kreativität bereichern – und seine Arbeit damit erleichtern.

Zeigen Sie Begeisterung

Begeisterung wirkt ansteckend. Die bedeutendsten Menschen der Geschichte haben aus Enthusiasmus für eine Sache oder Idee gehandelt. Ähnliches gilt für gute Lehrer: Sie strahlen Begeisterung aus, die sich auf Ihre Schüler überträgt und dafür sorgt, dass auch sie sich mehr Mühe geben.

Seien Sie flexibel

Flexible Lehrer gehen locker damit um, auch sorgfältige Planungen umzuwerfen und zu ändern. Sie sind sich vollkommen darüber im Klaren, wie wichtig gute Vorbereitung ist; gleichzeitig sind sie ganz im „Hier und Jetzt des Unterrichts" zu Hause. Solche Lehrer können von einem Moment zum anderen die Richtung ändern und sich ganz der Freude einer neuen Erkenntnis überlassen – eine Fähigkeit, mit der sie in ihrem Beruf viel ausrichten können.

Unterrichten Sie mit Leidenschaft

Leidenschaft geht über Begeisterung hinaus, da sie sich auch auf nüchterne, alltägliche und eher trockene Bereiche des Unterrichts auswirkt. Ein passionierter Lehrer kann sich für alle Aspekte seiner Arbeit begeistern: von der

Unterrichtsplanung bis hin zur Aufsicht in den Pausen. Hier geht es um eine innere Haltung, einen „Gemütszustand"; um den tiefen Wunsch, als Lehrer etwas auszurichten. Das unterscheidet ihn von denjenigen seiner Kollegen, die einfach nur überleben wollen.

Bescheidenheit ist eine Zier …

Bescheiden unterrichten – das bedeutet, um die eigenen professionellen Stärken zu wissen, sie anzuerkennen und zu akzeptieren; und gleichzeitig bedeutet es, zu verstehen, dass diese Stärken zum Wohl der Schüler eingesetzt werden müssen. Bescheidene Lehrer wissen, wie wichtig sie für das Leben ihrer Schüler sind. Sie sehen aber auch deren Leistungen und geben ihnen ihre ganze Wertschätzung.

46 Unterrichten Sie ideenreich und kreativ

... durch Ihren Unterrichtsstil und Ihr Verhalten.

Die 8a war sehr unruhig. Es war die letzte Woche vor den Winterferien, und keiner wollte Mathematik lernen.
Herr Mertens dachte einen Augenblick nach. Dann kündigte er begeistert an: „Wir spielen ‚Alle Vögel fliegen hoch'! Habt ihr Lust?"

„Aber dafür sind wir doch zu alt", protestierte ein Schüler.

„Dafür ist man nie zu alt!", antwortete der Lehrer und kletterte auf einen Stuhl, damit alle ihn gut sehen konnten. „Steht alle auf!" Und das taten sie auch. Nach ein paar ausgelassenen Minuten gingen alle wieder mit neuem Schwung an die Matheaufgaben.

Zehn Tipps für ideenreiches und kreatives Unterrichten

1. Fragen Sie sich selbst: Wenn ich ein Schüler meiner Klasse wäre, was würde mir dabei helfen, diesen Begriff oder dieses Vorgehen zu lernen?
2. Haben Sie immer ein Heft zum Sammeln von Ideen griffbereit. Notieren Sie jede gute Idee, die Ihnen im Fernsehen, in Zeitschriften, Lexika, Science-Fiction-Romanen, Katalogen und Filmen oder auf Werbeplakaten, Straßenschildern oder sonst irgendwo in Ihrer Umgebung begegnet.
3. Halten Sie immer die Augen auf nach Ideen, die bei anderen funktionieren. Besuchen Sie Weiterbildungen für Lehrer, und tauschen Sie sich möglichst viel mit Kollegen aus.
4. Nutzen Sie möglichst viele verschiedene Methoden und Medien, z.B. audiovisuelle Lehrmittel, Overheadfolien, Flipcharts, Spiele, Lieder etc.
5. Seien Sie fachlich so sicher wie möglich. Je mehr Zutrauen Sie in Ihre pädagogisch-didaktischen Kompetenzen und inhaltlichen Kenntnisse haben, desto leichter fällt es Ihnen, Ihren Unterricht mit kreativen Ideen anzureichern.
6. Setzen Sie sich so oft wie möglich den kreativen Leistungen anderer Menschen aus. Hören Sie Musik, gehen Sie ins Theater, und besuchen Sie Kunstgalerien und Museen.
7. Geben Sie sich selbst ab und zu die Erlaubnis, kreativ zu sein – was auch immer das für Sie heißen mag. Vielleicht ziehen Sie sich etwas Verrücktes oder Unkonventionelles an. Sie werden sich kreativer fühlen – und schließlich auch so handeln.
8. Nutzen Sie Ihr Unterbewusstsein. Beschreiben Sie für sich in Gedanken eine Herausforderung, bevor Sie schlafen gehen oder einen langen, ruhigen Spaziergang unternehmen. Erlauben Sie den tieferen Ebenen Ihres Geistes, Ideen zu sammeln.
9. Sagen Sie sich selbst, dass es in der Klasse einen Platz für das „Kind" in Ihnen selbst gibt. Erlauben Sie sich von Zeit zu Zeit, verspielt und wie ein Schüler zu sein.
10. Suchen Sie sich einen unangenehmen Vorfall aus, wie z.B. den Wutausbruch eines Schülers im Unterricht. Überlegen Sie sich fünf Gründe dafür, warum darin auch etwas Gutes steckt.

47 Zeigen Sie Begeisterung

... in Ihrem Unterricht und für Ihren Beruf.

Aus einer Umfrage in einer Mittelstufe zu der Frage: „Was ist ein guter Lehrer?"

- *Jemand, der uns mit Begeisterung unterrichtet.*
- *Unser Lehrer, weil man ihm anmerkt, dass er Mathematik sehr gerne unterrichtet.*
- *Ich glaube, jemand, der die Schüler und seinen Beruf liebt.*
- *Ein Lehrer, der coole Sachen macht, damit wir lernen wollen, und der sich immer wieder etwas Spannendes einfallen lässt.*

Zehn Wege, wie Sie Begeisterung zeigen können:

1. Setzen Sie Ihre Körpersprache ein. Empfinden Sie Ihre Begeisterung zuerst, stellen Sie sich dann aufrecht hin, und lassen Sie sie sichtbar werden.
2. Sprechen Sie lebhaft, modulieren Sie Ihre Stimme, und verwenden Sie verschiedene Tonhöhen. Hören Sie sich Ihre eigene Stimme auf Tonband an, um sich zu überprüfen.
3. Halten Sie beim Reden Augenkontakt mit Ihrem Gegenüber, und lächeln Sie oft.
4. Handeln Sie energisch, egal, wie Sie sich fühlen. Wenn Sie Energie ausstrahlen, werden Sie für das Ergebnis belohnt – selbst dann, wenn Sie in Wirklichkeit müde sind.
5. Denken Sie an jemanden, der begeistert ist, und ahmen Sie dessen Verhalten nach.
6. Seien Sie neugierig auf Ihre Schüler, Ihren Unterricht und das Leben überhaupt. Stellen Sie Fragen, um Interesse zu signalisieren.
7. Betrachten Sie schwierige Situationen eher als Herausforderung für Ihr Wachstum denn als Probleme.
8. Verwöhnen Sie sich jeden Tag mit etwas Besonderem – mit frischen Blumen, einem köstlichen Kaffee, einem Spaziergang.
9. Feiern Sie jede nur mögliche Gelegenheit in Ihrer Klasse, wie z.B. Geburtstage, gute Noten, besseres Verhalten oder besondere Tage. Das müssen keine großen Festlichkeiten sein.
10. Ersetzen Sie in Ihrem alltäglichen Handeln und Denken „sollte" durch „könnte" und „kann nicht" durch „werde" oder „wird".

48 Seien Sie flexibel

… in Hinblick auf Ihre Einstellung und Ihr Verhalten in der Klasse.

Die Lehrerin sah sofort, dass eine Gruppe Schüler mit etwas vollkommen anderem beschäftigt war. Statt mit Hilfe der Modelle Moleküle zu bestimmen, bauten sie damit einen wackligen Turm. Sie entschied sich, sie mit dem Bauen fortfahren zu lassen, um danach mit ihnen zu besprechen, wie es ihnen gelungen war, den Turm am Zusammenbrechen zu hindern. Das hatte zwar nichts mit Chemie zu tun – aber war dennoch eine Frage, deren Weiterverfolgung sich lohnen würde.

Zehn Wege für mehr Flexibilität:

1. Geben Sie Informationen auf viele verschiedene Arten und mit unterschiedlichen Zielsetzungen weiter.
2. Unterstützen Sie Ihre Schüler darin, aktiv zu lernen, ihren eigenen Blickwinkel mitzuteilen und nach dem „Warum" zu fragen.
3. Akzeptieren Sie mehrere Lösungen für Fragen und Probleme.
4. Tauschen Sie für einen Tag Ihre Klasse (oder ein Fach) mit einem Kollegen.
5. Lassen Sie sich auf die Verbindung von Kopf und Körper ein, und probieren Sie einmal Yoga aus. Zwischen physischer und geistiger Flexibilität besteht eine enge Wechselbeziehung.
6. Räumen Sie Ihr Klassenzimmer oder Ihr Arbeitszimmer um; stellen Sie Ihren Schreibtisch an einen ungewohnten Platz.
7. Lassen Sie Ihre Schüler eine Stunde planen und die Verantwortung dafür übernehmen. Fördern Sie ein Abweichen von der Norm.
8. Bereiten Sie eine Stunde vor. Dann verkneifen Sie es sich, Ihren Plan noch einmal zu kontrollieren. Dadurch können Sie sich besser auf die Eigendynamik der Stunde einlassen.
9. Lassen Sie eine planmäßige Stunde ausfallen. Unternehmen Sie statt dessen etwas anderes. Gehen Sie z.B. mit Ihrer Klasse zügig spazieren, lesen Sie ein schönes Gedicht vor oder hören Sie gemeinsam ein Musikstück.
10. Ändern Sie von Zeit zu Zeit Ihren Tagesablauf. Trinken Sie z.B. morgens heißen Kakao statt Kaffee; oder gönnen Sie sich ein richtiges Frühstück, statt nur eines im Stehen.

49 Unterrichten Sie mit Leidenschaft

… für Ihren Beruf wie auch für die Ausbildung Ihrer Schüler.

Das Schuljahr war zu Ende. Die meisten Schüler der Mittelstufe hatten das Schulgelände schon verlassen, voller Vorfreude auf die Sommerferien.
Aber ein Klassenzimmer war immer noch voller Jugendlicher. Es waren nicht nur die Schüler aus Herrn Parks, sondern auch die anderer Klassen. Sie blieben, offenbar, ohne wirklich nach Hause zu wollen. Als endlich die letzte Schülerin das Gebäude verließ, fragte der Schulleiter sie nach den Ursachen für dieses „merkwürdige" Verhalten.

„Ach, wir bleiben, weil Herr Park so cool ist", antwortete das Mädchen. Er hat es immer hinbekommen, dass Lernen Spaß macht. Er ist wohl wirklich Lehrer aus Leidenschaft!"

Zehn Wege, wie Sie mit Leidenschaft unterrichten:

1. Bemühen Sie sich darum, immer das „halbvolle Glas" zu sehen – selbst dann, wenn nicht alles läuft, wie geplant.
2. Tun Sie Ihr Möglichstes, in den technologischen, inhaltlichen und methodisch-didaktischen Entwicklungen Ihrer Fächer immer auf dem neuesten Stand zu sein. Es ist schwierig, etwas leidenschaftlich zu unterrichten, womit Sie nicht vertraut sind.
3. Setzen Sie sich als Lehrer realistische Ziele, und bemühen Sie sich, sie zu erreichen.
4. Pflegen Sie Ihre Leidenschaft für Ihre Unterrichtsfächer. Erinnern Sie sich immer wieder an die vielen lohnenden Gründe, aus denen Sie sich für Ihren Beruf entschieden haben.
5. Sehen Sie sich als Schauspieler in einer Theateraufführung mit enorm langer Laufzeit – und dem Klassenraum als Ihrer Bühne. Versuchen Sie, jeden Tag Ihre beste Darbietung zu geben.
6. Lassen Sie Spannung und Genuss in Ihrer Stimme hörbar bleiben. Ihre Schüler nehmen selbst den nüchternsten Stoff freudig auf, wenn Sie ihn leidenschaftlich vermitteln.
7. Pflegen Sie Ihre Freude am Unterrichten. Verdeutlichen Sie sich immer wieder alle Vorteile und guten Seiten Ihres Berufes, und konzentrieren Sie sich auch auf dem Weg zur Schule und wieder nach Hause darauf.
8. Lassen Sie die Schüler wissen, dass Sie für sie da sind; dass sie mit allen persönlichen und schulischen Fragen zu Ihnen kommen können und dass ihr gesamtes Leben Sie interessiert.
9. Zeigen Sie ihnen, dass Sie an ihre Fähigkeit glauben, alle Bereiche ihres Lebens zu meistern!
10. Sorgen Sie mit ausreichenden Pausen für Ihre Gesundheit. Wenn Sie sich müde fühlen, können Sie unmöglich für irgendetwas Leidenschaft empfinden.

50 Bescheidenheit ist eine Zier

… die auch Ihnen in Ihrer gesamten Arbeit als Pädagoge gut zu Gesicht steht.

Frau Lehmbergs Klasse war immer damit beschäftigt, etwas auszustellen oder vorzuführen, und das Kollegium kam aus dem Staunen nicht heraus. Die Schüler zeigten bei Versammlungen Sketche. Sie kümmerten sich um alle Schwarzen Bretter in den Fluren. Sie füllten die Ausstellungsvitrine beim Büro mit ihren kreativen Werken. Aber dennoch waren sie unruhig, nicht bei der Sache und machten überhaupt einen unglücklichen Eindruck. Der Schulleiter brauchte fast ein Jahr um festzustellen, wo das Problem lag: Es ging zu wenig um die Schüler und zu sehr darum, Frau Lembergs Image zu pflegen. Ihr war zu viel daran gelegen, der Schulleitung gegenüber ein gutes Bild abzugeben. Die Belohnung für die Arbeit ihrer Schüler hatte sie dann allerdings immer selbst eingeheimst.

Zehn Wege, wie Sie in der Schule Bescheidenheit üben:

1. Seien Sie sich Ihres Platzes und Ihrer Position bewusst. Sie sind Lehrer – nicht Schulleiter, Psychologe, Bücherexperte, Verwalter, Sekretär oder Krankenpfleger. Bleiben Sie bei Ihren Aufgaben, und treten Sie anderen nicht auf die Füße.
2. Sagen Sie „Ist es möglich, dass …", wenn Sie einen Schüler oder Kollegen etwas fragen. Vermeiden Sie Aussagen wie „Sie haben … fälschlicherweise …". Das wirkt überheblich und herablassend.
3. Geben Sie Fehler zu, ohne zu zögern.
4. Erinnern Sie sich immer wieder daran, dass auch Sie sich irren können. Schließlich ist niemand vollkommen.
5. Lassen Sie sich den Einfluss und die Bedeutung Ihrer Position nicht zu Kopf steigen. Denken Sie daran, dass Sie ohne Ihre Schüler keinen Arbeitsplatz und keine Unterrichtserfolge haben würden.
6. Seien Sie immer geduldig und respektvoll.
7. Suchen Sie das Positive in anderen Menschen, und erkennen Sie es an.
8. Seien Sie ein Vorbild für Bescheidenheit. Setzen Sie sich aber nicht selbst herab, und erlauben Sie es auch keinem anderen.
9. Meiden Sie übertrieben bescheidene Aussagen wie: „Danke, dass Sie sich ein paar Minuten Ihres übervollen Tages Zeit für mich nehmen." Viele Menschen finden das irritierend oder sogar peinlich.
10. Nehmen Sie Lob und Bestätigung einfach und direkt an. Sagen Sie z.B. lieber einfach „Danke", als „Ach, das war doch nichts Besonderes, das hätte doch jeder gekonnt".

11. Führungskompetenz

Im Beruf eines Lehrers dreht sich viel um das Leiten oder Anleiten anderer. Leiten, lenken oder führen – die Worte selbst beinhalten, dass wir wissen, wohin es geht und welchen Weg wir dorthin nehmen. Um andere gut führen zu können, rate ich Ihnen dazu, Ihre Schüler im Kontext der Maslowschen Bedürfnishierarchie wahrzunehmen (s. unten). Damit wird verständlich, dass uns „höhere" Bedürfnisse erst dann zum Handeln motivieren können, wenn unsere „niedrigeren" Bedürfnisse schon befriedigt sind. Mit anderen Worten: Wenn wir unsere Schüler zu etwas anleiten und damit bei ihnen etwas erreichen wollen, müssen wir zunächst sicherstellen, dass ihr Bedürfnis nach körperlicher Unversehrtheit, Sicherheit, Liebe, Zugehörigkeit und Wertschätzung berücksichtigt wurde. Erst wenn diese Bedingung erfüllt ist, hat es Sinn, mit unseren Anweisungen kognitive oder sogar ästhetische Bedürfnisse anzusprechen. Meiner Erfahrung nach fühlen sich Lehrer manchmal alles andere als gut ausgebildet für die besonderen Anforderungen an ihre Führungskompetenz. Deshalb möchte ich Ihnen im folgenden Kapitel einige Vorschläge machen, wie Sie Ihre Fähigkeiten auf diesem Gebiet verbessern können.

Fördern Sie Schüler individuell

Niemand kennt die Bedürfnisse von Schülern besser als ihre Klassenlehrer. Deshalb ist es sinnvoll, dass sie in erster Linie die individuelle Förderung übernehmen und für ihre Schüler Lehrer und Tutowr gleichzeitig sind. Da unsere Arbeitszeit als Lehrer aber ohnehin mehr als ausgefüllt ist, müssen wir unsere Zeit als Tutoren auf möglichst einfallsreiche und kluge Weise nutzen.

Nutzen Sie die Aufsicht sinnvoll

Die Aufsichtszeit muss nicht der Tiefpunkt des Tages sein. Warum sie nicht zum Bestandteil guten Unterrichts machen und bei den Schülern auch in dieser Zeit etwas bewirken? Es hängt ganz davon ab, welche Einstellung wir dazu finden.

Wecken und fördern Sie Verantwortungsgefühl

Schüler vergessen bzw. verlieren gerne ihre Stifte, Bücher oder Arbeitsblätter. Wecken Sie ihr Gefühl für Verantwortung, und es werden zumindest manche Schüler in dieser Hinsicht einen großen Schritt nach vorne machen.

Beraten Sie sorgfältig

Lehrer wissen, dass es nur eine ihrer vielen verschiedenen Aufgaben ist, ihren Schülern beratend zur Seite zu stehen. Was sie möglicherweise nicht wissen ist, welche große Bedeutung dies für die Jugendlichen hat. Lehrer sind deshalb gut beraten, wenn sie diese Rolle ernst nehmen.

Organisieren Sie außerschulische Aktivitäten

Aktivitäten außerhalb des regulären Lehrplanes tun nicht nur der Schule insgesamt gut, sondern auch den daran beteiligten Lehrern. Sie können ihre Schüler in einem ganz anderen Licht sehen und persönliche Beziehungen zu ihnen aufbauen. Die Jugendlichen wiederum lernen ihre Lehrer von einer anderen, wahrscheinlich freundlicheren und interessanteren Seite kennen.

51 Fördern Sie Schüler individuell

... im Rahmen des täglichen Unterrichts wie auch in gezielter Einzelarbeit.

Frau Schäfer hatte sich einverstanden erklärt, Stephanie und Melissa nach der Schule mit ihren Berichten zu helfen. Aber die Zeit schleppte sich dahin, und sie hatten wenig erreicht, obwohl die beiden fast eine Stunde lang gearbeitet hatten. Als sie die Mädchen schließlich gehen ließ, beschloss Frau Schäfer, einen neuen Ansatz für die individuelle Arbeit mit Schülern zu finden: einen, der funktionieren und die Zeit besser nutzen würde.

Zehn Methoden für gezielte individuelle Förderung:

1. Laden Sie den oder die Schüler persönlich zu den Treffen ein; das zeigt Ihr persönliches Interesse und Engagement.
2. Schreiben Sie vor dem Beginn des Förderunterrichts einen Brief an die Eltern oder Erziehungsberechtigten. Erklären Sie die Gründe und Inhalte und versichern Sie ihnen, dass Ihr Schüler sich selbst für diese zusätzliche Hilfe entschieden hat. Informieren Sie sie über Datum, Uhrzeit und Ort der (des) Treffen(s), und bitten Sie sie, Ihnen alle ihre Fragen mitzuteilen.
3. Individuelle Förderung ist eine freiwillige Angelegenheit. Schreiben Sie in Ihrem Brief an die Erziehungsberechtigten klar und deutlich, dass es bei den Schülern liegt, ob sie teilnehmen oder nicht.
4. Der Förderunterricht sollte immer zur gleichen Zeit und am gleichen Ort stattfinden. Oft ist es auch besser, statt des Klassenraumes einen neutralen Ort zu wählen; das kann z.B. ein Tisch in der Bibliothek oder in einem Büro sein. Schülern erscheint das „professioneller".
5. Stellen Sie sicher, dass Sie ohne Unterbrechungen arbeiten können. Schalten Sie Ihr Handy aus, bitten Sie im Sekretariat darum, Ihre Anrufe nicht weiterzuleiten, und hängen Sie ein „Bitte nicht stören"-Schild an die Tür.
6. Planen Sie im Voraus, was Sie erreichen wollen, und bringen Sie die dafür notwendigen Materialien mit.
7. Fragen Sie die Schüler zu Beginn des Treffens, welche Anliegen oder Bedürfnisse sie selbst haben.
8. Vergleichen Sie dies mit Ihren eigenen Erwartungen, und planen Sie gemeinsam, wie Sie vorgehen werden.
9. Legen Sie den Zeitrahmen genau fest, und halten Sie sich daran. Schüler schätzen es gar nicht, wenn sie länger als erwartet bleiben müssen.
10. Schreiben Sie gleich nach dem Treffen auf, was gearbeitet wurde, wie lange sie gearbeitet haben, und ob Sie etwas mitnehmen, das für die weitere Arbeit mit dem Schüler bedeutsam ist.

52 Nutzen Sie die Aufsicht sinnvoll

... in den Pausen, vor und nach der Schule.

Im Lehrerzimmer wunderten sich immer alle darüber, dass Herr Hornschuh als Einziger gerne Aufsicht zu führen schien. Schließlich fragten ihn seine Kollegen danach.

„Ach, das ist ganz einfach", antwortete er. „Ich betrachte es nicht als Aufsicht, sondern als Zeit für mich selbst, in der ich ein paar Schüler besser kennen lernen kann. Dafür habe ich ja sonst keine Zeit. Also freue ich mich auf diese besonderen Minuten für die Schüler und mich."

Zehn Methoden, wie Sie die Aufsicht sinnvoll nutzen können:

1. Markieren Sie die Tage, an denen Sie Aufsicht haben, auf Ihrem Tischkalender, um sie nicht zu vergessen.
2. Schreiben Sie die Zeiten Ihrer Aufsicht sofort in Ihre wöchentlichen Unterrichtspläne.
3. Legen Sie schon vorher fest, welche(n) Schüler Sie gerne ansprechen würden, um die Beziehung zu ihnen (ihm) zu vertiefen. Halten Sie dann aktiv nach ihnen (ihm) Ausschau, während Sie Aufsicht führen.
4. Laufen Sie herum, und grüßen Sie so viele Schüler wie möglich. Nutzen Sie dies als besondere Gelegenheit, sich in einem anderen Licht darzustellen.
5. Verkneifen Sie es sich, eine Tasse Kaffee mit sich herumzutragen. Das baut eine Barriere zwischen Ihnen und den Schülern auf.
6. Halten Sie Ort und Zeit Ihrer Aufsicht entsprechend Ihrem Dienstplan genau ein. Damit sind Sie den Schülern ein Vorbild an Verantwortlichkeit.
7. Ziehen Sie sich bequem an, wenn Sie mit Aufsicht an der Reihe sind. Tragen Sie v.a. bequeme Schuhe.
8. Beteiligen Sie sich bis zu einem gewissen Grad an Spielen und anderen Beschäftigungen, wenn Sie dazu aufgefordert werden. Schüler finden es gut, wenn Lehrer mit ihnen ein wenig „herumalbern".
9. Halten Sie nach Einzelgängern Ausschau, und suchen Sie mit Ihnen das Gespräch, auch dann, wenn sie nicht zu Ihrer Klasse gehören.
10. Nutzen Sie die Aufsicht, um Schüler zu loben und zu bestätigen, die Sie eventuell im Unterricht übersehen haben. („Deine Mathematikarbeit gestern war wirklich sehr gut. Ich konnte deutlich sehen, dass du dafür gelernt hast, weil ...")

53 Wecken und fördern Sie Verantwortungsgefühl

... in der Schule wie im Leben generell.

„Frau Paterson, kann ich noch ein Arbeitsblatt haben?"
„Wo ist denn deines?"
„Weiß nicht."
„Aber ich habe dir gerade vor zwei Minuten ein Blatt gegeben."

Zehn Methoden, durch die Sie Verantwortungsgefühl wecken und fördern:

1. Wiederholen Sie Anweisungen und Arbeitsaufträge nicht zu oft. Auf diese Weise geben Sie Ihren Schülern selbst die Verantwortung dafür, zuzuhören und entsprechend zu handeln.
2. Stellen Sie sicher, dass jeder Schüler einen Ort für seine persönlichen Dinge hat (einen Spind, Schreibtisch o.Ä.). Geben Sie ihnen regelmäßig ausreichend Zeit dafür, dort aufzuräumen.
3. Lassen Sie Listen über fertig gestellte und noch zu erledigende Aufgaben führen, etwa in Hausaufgabenheften, Lerntagebüchern oder Portfolios. Benoten Sie Ihre Schüler für deren sorgfältige Aktualisierung; das macht es noch attraktiver, Verantwortung zu übernehmen.
4. Lassen Sie die Schüler Paare zur gegenseitigen Unterstützung bilden. Zwei Schüler sind dann dafür verantwortlich, sich gegenseitig bei ihren Hausaufgaben, Arbeiten in der Schule etc. zu helfen.
5. Unterrichten Sie ausdrücklich zum Thema verantwortliches Verhalten. Finden Sie, möglicherweise mit Hilfe des Schulbibliothekars, Literatur zu diesem Thema, und lassen Sie die Schüler auch etwas darüber schreiben.
6. Lassen Sie eine Wandzeitung zum Thema „Verhaltensweisen, die Verantwortungsgefühl zeigen" erstellen.
7. Loben Sie verantwortliches Verhalten in der Klasse konsequent („Heute hast du dein Geodreieck und den Zirkel dabei. Gut gemacht, Mario!").
8. Geben Sie den Jugendlichen eine klare und eindeutige Struktur für jeden Tag, sodass sie genau wissen, was sie wann erwartet. Muten Sie es ihnen dann auch zu, vorbereitet zu sein.
9. Schreiben Sie den Eltern oder Erziehungsberechtigten und Ihrer Schulleitung Mitteilungen, in denen Sie lobend anerkennen, auf welche Weise sich Schüler in der Schule verantwortlich gezeigt haben.
10. Schicken Sie Ihre Schüler auf eine Schnitzeljagd. Dabei sollen sie alles aufspüren und aufzeichnen, was in ihren Augen verantwortliches Verhalten ausdrückt.

54 Beraten Sie sorgfältig

… tagtäglich und auch unter besonderen Umständen.

Jennifer war den ganzen Tag über außergewöhnlich ruhig gewesen und sah sehr durcheinander aus. Schließlich nahm ihre Lehrerin, Frau Schmidt, sie zur Seite und fragte sie leise, ob irgend etwas sie bedrücke und sie mit der Beratungslehrerin sprechen wolle.

„Nein", murmelte das Mädchen.

„Vielleicht kann sie dir helfen", fügte Frau Schmidt hinzu.

„Nein … ich meine, ich will nicht mit der Beratungslehrerin reden", stellte Jennifer klar. „Ich will mit Ihnen reden. Die Beratungslehrerin weiß noch nicht mal, wer ich bin."

Wie Sie Schüler sorgfältig beraten – ein Zehn-Punkte-Plan für die Praxis:

1. Sitzen Sie dem Schüler auf gleicher Augenhöhe gegenüber. Ihre Körperhaltung ist entspannt und offen, und Sie lehnen sich etwas nach vorne.
2. Warten Sie ein paar Sekunden, bevor Sie irgendetwas sagen. Auf diese Weise geben Sie dem Schüler Zeit zum Nachdenken und Formulieren seiner Gedanken.
3. Ihre ersten Bemerkungen können sich auf das beziehen, was Sie beobachtet haben, etwa „Du wirkst durcheinander" oder „Du warst heute sehr still".
4. Wenn Sie weiter sprechen, sollten Ihre Sätze mit „Ich" anfangen und wiedergeben oder zusammenfassen, was der Schüler gesagt hat, z.B.: „Ich glaube, du meinst damit…", „Ich höre aus dem, was Du sagst, heraus, dass du … willst."
5. Beginnt der Schüler, etwas zu erzählen, das Sie Ihrer Meinung nach der Schulleitung mitteilen müssen, unterbrechen Sie ihn sofort, und erklären Sie Ihre Haltung: Sie sind gesetzlich dazu verpflichtet, alles weiterzugeben, was von strafrechtlichem Belang ist z.B. wenn Ihnen ein Schüler berichtet, dass er zu Hause misshandelt wird.
6. Versichern Sie dem Schüler, dass Sie den Inhalt Ihres Gespräches vertraulich behandeln – außer, wenn es um strafrechtlich relevante Dinge geht (s. Punkt 5). Halten Sie sich unter allen Umständen daran.
7. Helfen Sie dem Schüler dabei, eine konkrete Vorgehensweise zu formulieren. Sorgen Sie dafür, dass er weiß, was er nach dem Gespräch zu tun hat, um mit der Situation umzugehen.
8. Verabreden Sie ein weiteres Treffen, um zu besprechen, wie sich die Lage inzwischen entwickelt hat.
9. Fassen Sie Ihr Gespräch für den Schüler zusammen.
10. Schreiben Sie sich unmittelbar danach auf, was besprochen wurde.

55 Organisieren Sie außerschulische Aktivitäten

... denn bis zu einem gewissen Grad wird das von jedem Lehrer erwartet.

Als der Schulleiter ankündigte, alle Lehrer hätten sich an Aktivitäten außerhalb des Lehrplanes zu beteiligen, zuckte Frau Schilling zusammen. Eine Arbeitsgruppe außerhalb des Lehrplanes – das könnte bedeuten, dass sie es mit diesen großen Neuntklässlern zu tun bekäme. Einer ihrer Kollegen schlug ihr vor, einen Kochclub zu gründen – das wäre nicht schwer und würde Spaß machen. Er behielt Recht. Nach nur wenigen Treffen fühlte sich Frau Schilling dort ganz zu Hause – selbst mit den Neuntklässlern – und der Kochclub war ein großer Erfolg!

Was Sie außerhalb des Lehrplanes mit Schülern unternehmen können – Zehn gute Ideen:

1 **Reporter und Journalisten:**
Schüler stellen gemeinsam einen Newsletter in Form einer Broschüre oder Internetseite zusammen und aktualisieren ihn beispielsweise einmal im Monat. Der Newsletter kann Fotos, Beiträge von Schülern, Berichte von Ereignissen in oder außerhalb der Schule, Hinweise auf bevorstehende Veranstaltungen etc. enthalten.

2 **Fotografen und Bildredakteure:**
Die Schüler dokumentieren mit Hilfe von Fotos das gesamte Schuljahr. Die Bilder werden in einem Album zusammengestellt, das für alle zugänglich in der Bibliothek steht.

3 **Meinungsforscher:**
Diese Gruppe führt regelmäßig Umfragen mit Hilfe von Interviews und Fragebögen durch. Dabei packt sie Fragen an, die die Schüler ganz aktuell beschäftigen („Brauchen wir einen Aufenthaltsraum für Schüler?“, „... längere Pausen?“, „... einen Getränkeautomaten?“) Die Ergebnisse werden zusammengestellt, aufgeschrieben und bei Versammlungen präsentiert.

4 **Künstler und Entertainer:**
Einmal im Monat organisieren die Schüler dieser Gruppe ein besonderes Ereignis, etwa einen Nachmittagskaffee oder einen Kuchenverkauf; oder es gibt fantastische Geschichten oder Gedichte zu hören. Dazu laden sie jeweils unterschiedliche Gäste ein – z.B. eine bestimmte Klassenstufe, Schüler einer anderen Schule, Bewohner eines Altenheimes in der Nähe oder alle Lehrer.

5 **Helfende Hände:**
Diese Schüler helfen im Ort oder in der Nachbarschaft aus, etwa beim Blätterharken, Schneeschippen oder Müllsammeln. Sie können auch sozialen Einrichtungen ihrer Gemeinde zur Hand gehen, z.B. einer Schülertagesstätte, einem Altenheim oder der eigenen Schule.

6 **Schriftgelehrte:**
Die Schüler „leihen" ihre Augen und Hände denjenigen, die nicht alleine Lesen und Schreiben können. Sie können in Altenheimen, Krankenhäusern oder Einrichtungen für betreutes Wohnen ihre Dienste anbieten.

7 **Catering-Experten:**
Die Schüler dieser Gruppen werden zu Fachleuten für die Planung, Zubereitung und Lieferung eines gesunden Imbisses für ein monatliches Treffen des Lehrerkollegiums. Sie können auch andere besondere Veranstaltungen mit Leckereien versorgen, etwa den Tag der Offenen Tür oder Elternabende.

8 **Autoren des Klassenjahrbuchs:**
Schüler sammeln Texte, Illustrationen, Berichte von Veranstaltungen und Ähnliches und stellen daraus ein Klassenjahrbuch zusammen. Entweder jeder einzelne Schüler erhält eine Kopie oder das einzige Exemplar bleibt in der Klasse.

9 **Geschäftsleute und Vermögensverwalter:**
Sie katalogisieren, erstellen Listen und bieten Dinge zum Verkauf an. Dabei ist nichts vor ihnen sicher: von überzähligen Schreibtischen und veralteten Büchern aus der Bibliothek bis hin zu Angeboten von Mitschülern, die sich ihr Taschengeld mit Aushilfsjobs aufbessern möchten. Die Gruppe verteilt regelmäßig einen Flyer mit allen Angeboten in der Gemeinde, benachbarten Schulen und Geschäften.

10 **Tutoren:**
Die Mitglieder dieser Gruppe lernen, wie sie Mitschüler oder jüngere Schüler unterstützen können, und arbeiten dann auch praktisch mit ihnen zusammen. Bei ihren regelmäßigen Treffen tauschen sie sich über Erfolge und Probleme aus und besprechen neue Ansätze und Methoden.

Bevor Sie etwas außerhalb des Lehrplanes unternehmen: Informieren Sie Ihre Schulleitung, warten Sie die Genehmigung ab, und werben Sie dann für Ihre Idee.

So können Sie für Ihre Idee werben:

- Hängen Sie Plakate in Ihrer Schule auf.
- Verteilen Sie Flyer in allen Klassenräumen.
- Geben Sie eine Kleinanzeige in der Schülerzeitung auf.
- Setzen Sie eine einladende Notiz in den Newsletter Ihrer Schule.
- Hängen Sie ein Schild außerhalb Ihrer Klasse auf.
- Laden Sie Schüler persönlich ein.
- Stellen Sie bei einer Schulversammlung kurz Ihre Idee vor.

Anhang

Nachwort

Einmal fragte mich eine Schülerin, ob ich gerne Lehrerin sei. Ja, das sei ich, versicherte ich ihr schnell. Dann fragte sie: „Warum?" Etwas überrascht antwortete ich, jedoch ohne zu zögern: „Na, wegen euch – euch allen – den Schülern." Sie nickte und ging, offensichtlich zufrieden mit meiner Antwort. Aber erst als sie den Raum verlassen hatte, wurde mir die Bedeutung meiner Worte klar.

Ich bin sicher, Sie als Lehrer, Pädagoge oder Betreuer werden mir darin zustimmen, dass wir für unsere Schüler „da" sind. Genauso richtig ist es aber auch, dass unsere Schüler für uns da sind.
Sie sitzen täglich in unseren Klassen und warten darauf, von uns gut unterrichtet bzw. betreut, gefördert und bestärkt zu werden. Sie sind bereit dafür, dass wir sie bis zu einem gewissen Maß beeinflussen, auf sie einwirken und etwas bei ihnen ausrichten. Ihr Vertrauen in unsere Fähigkeiten als Pädagogen, Mentoren, Leiter und Vermittler von Wissen rechtfertigt all unsere Anstrengungen dafür, wirklich gute Lehrer zu werden. Unsere Schüler verdienen Lehrer, die ihr persönliches und berufliche Können dafür nutzen, an sich selbst und an der Qualität ihres Unterrichts zu arbeiten. Es sind unsere Schüler, für die wir unsere Kompetenzen und persönlichen Eigenschaften weiterentwickeln, damit wir unseren Beruf immer besser ausüben können. Sie sind es, für die wir die bestmöglichen Lehrer werden wollen.

Ich hoffe, die Ideen in diesem Buches helfen Ihnen dabei, diese hochgesteckten Ziele zu erreichen. Wenn Sie erfolgreich unterrichten, können Sie einerseits den Bedürfnissen Ihrer Schüler besser begegnen und empfinden andererseits die tagtäglichen Aufgaben und Herausforderungen als weniger belastend. Wenn Ihnen das gelingt, werden Sie dadurch nicht einfach „nur" ein guter Lehrer bzw. Pädagoge. Sie werden auch die größte Freude genießen, die unser Beruf zu bieten hat: Kindern und Jugendlichen dabei zuzuschauen, wie sie als Person wachsen und sich entwickeln.

Literatur

Abernathy, Rob/Reardon, Mark:
Interesse wach halten.
Tipps und Tricks für gute Stunden.
Verlag an der Ruhr, 2003.
ISBN 978-3-8607-2778-2

Blum, Eva/Blum, Hans-Joachim:
Der Klassenrat.
Ziele, Vorteile, Organisation.
Verlag an der Ruhr, 2006.
ISBN 978-3-8346-0060-8

Bovet, Gislinde/Huwendiek, Volker:
Pädagogik und Psychologie für den Lehrberuf.
Cornelsen, 2004.
ISBN 978-3-5892-3900-9

Dickinson, Chris/Waterhouse, Philip:
Lehren und Lernen optimieren.
Unterrichtsvorbereitung, Unterrichtsmethoden, Klassenraumgestaltung.
Verlag an der Ruhr, 2005.
ISBN 978-3-8607-2973-1

Grell, Jochen:
Techniken des Lehrerverhaltens.
Beltz, 2005.
ISBN 978-3-407-22101-8

Grell, Jochen/Grell, Monika:
Unterrichtsrezepte.
Beltz, 2005.
ISBN 978-3-407-22008-0

Helmke, Andreas:
Unterrichtsqualität.
Erfassen, Bewerten, Verbessern.
Kallmeyer, 2003.
ISBN 978-3-7800-1004-9

Kiper, Hanna/Wolfgang, Mischke:
Einführung in die Theorie des Unterrichts. Beltz, 2006.
ISBN 978-3-407-25395-8

Klein, Kerstin:
KlassenlehrerIn sein.
Das Handbuch. Strategien, Tipps, Praxishilfen.
Verlag an der Ruhr, 2006.
ISBN 978-3-834-60154-4

Lanig, Jonas:
Gegen Chaos und Disziplinschwierigkeiten.
Eigenverantwortung in der Klasse fördern. 30 Tipps und Strategien.
Verlag an der Ruhr, 2004.
ISBN 978-3-8607-2916-8

Mattes, Wolfgang:
Methoden für den Unterricht.
75 kompakte Übersichten für Lehrende und Lernende. Schöningh, 2002.
ISBN 978-3-1402-3815-1

Mattes, Wolfgang:
Routiniert planen – effizient unterrichten. Ein Ratgeber.
Schöningh, 2006.
ISBN 978-3-1402-3810-6

Meyer, Hilbert:
Was ist guter Unterricht?
Cornelsen Scriptor, 2006.
ISBN 978-3-589-22047-2

Miller, Reinhold:
99 Schritte zum professionellen Lehrer. Erfahrungen, Impulse, Empfehlungen. Kallmeyer, 2004.
ISBN 978-3-7800-4938-4

Miller, Reinhold:
Lehrer lernen.
Ein pädagogisches Arbeitsbuch.
Beltz, 2004.
ISBN 978-3-407-22024-0

Mittelstädt, Holger:
Basics für Junglehrer.
Der optimale Einstieg in den Arbeitsplatz Schule.
Verlag an der Ruhr, 2006.
ISBN 978-3-8346-0063-9

Mittelstädt, Holger:
Evaluation von Unterricht und Schule.
Strategien und Praxistipps.
Verlag an der Ruhr, 2006.
ISBN 978-3-8346-0150-6

Mittelstädt, Holger:
Organisationshilfen für den Schulalltag.
Checklisten, Tabellen und Briefvorlagen auf Papier und CD.
Verlag an der Ruhr, 2004.
ISBN 978-3-8607-2915-1

Links

www.lehrer-online.de
Auf dieser Seite finden Sie erfolgreiche Unterrichtsentwürfe und -materialien für den fachbezogenen Unterricht sowie für fächerübergreifende Projekte.

www.referendar.de
Hier finden vor allem Referendare und Junglehrer viele Tipps rund um erfolgreiches Unterrichten, z.B. eine Sammlung von Methoden und didaktischen Hinweisen für einen guten Start in den Lehrberuf.

http://bildungsklick.de/schule
Das Portal informiert aktuell und umfassend über alle bildungsrelevanten Themen – von A wie Anfangsunterricht bis Z wie Zentralabitur. Hier finden Sie sowohl ausführliche Hintergrundberichte wie auch kompakte Presseinformationen zu verschiedenen Schwerpunkten, wie z.B. Bildungspolitik oder neueste Lernhilfen.

www.lehrerforum-nrw.de
Dieses Forum des Landesverbandes Bildung und Erziehung in Nordrhein-Westfalen, des Institutes für Psychologie der Uni Lüneburg u.a. bietet Lehrern die Möglichkeit, sich mit Kollegen und Experten über die kleinen und großen Herausforderungen des Schulalltages auszutauschen. Hier finden Sie schnelle und unkonventionelle Hilfe bei Problemen wie Mobbing oder Verhaltensauffälligkeiten unter Schülern sowie viele Tipps zum Thema Aus- und Fortbildung.